Aprenda la Biblia con preguntas

Magda G. de Montoya

Aprenda la Biblia con Preguntas

PALABRA PURA
palabra-pura.com
2019

Aprenda la Biblia con preguntas
Copyright © 2019 por Magda G. de Montoya
Todos los derechos reservados.
Derechos internacionales reservados.

ISBN: 978-1-951372-99-6

Las citas bíblicas de esta publicación han sido tomadas de la Reina-Valera 1960^{TM} © Sociedades Bíblicas en América Latina, 1960. Derechos renovados 1988, Sociedades Bíblicas Unidas. Utilizado con permiso.

Ninguna parte de este manual puede ser reproducida en ninguna forma por medios mecánicos o electrónicos, incluyendo almacenaje de información y sistemas de reproducción sin permiso previo por escrito de los editores.

Elaboración, diseño de portada y formato: Iuliana Sagaidak
Editorial: Palabra Pura, www.palabra-pura.com

CATEGORÍA: Religión / Estudios bíblicos

IMPRESO EN ESTADOS UNIDOS DE AMERICA
PRINTED IN THE UNITED STATES OF AMERICA

Contenido

Preguntas

1. Animales en la Biblia............ 12
2. Aves en la Biblia 16
3. Árboles en la Biblia 18
4. Objetos en la Biblia 20
5. Alimentos y condimentos 25
6. Mujeres en la Biblia............. 27
7. Madres en la Biblia 32
8. Viudas en la Biblia.............. 34
9. Parejas en la Biblia 36
10. Jóvenes en la Biblia 38

11.	Siervos de Dios	42
12.	Gobernantes, ricos y famosos	45
13.	Personajes por su forma de morir	46
14.	Quiénes fueron.	50
15.	Quién dijo estas frases	55
16.	Quién hizo estas preguntas	58
17.	Primeros en la Biblia	61
18.	Números en la Biblia.	64
19.	Preguntas sobre la Navidad.	71
20.	Preguntas sobre el amor	74
21.	Preguntas fáciles	77
22.	Curiosidades en la Biblia	80
23.	Preguntas generales	83

Respuestas

1.	Animales en la Biblia.	88
2.	Aves en la Biblia	90
3.	Árboles en la Biblia	91
4.	Objetos en la Biblia	93

5. Alimentos y condimentos 96
6. Mujeres en la Biblia. 98
7. Madres en la Biblia 101
8. Viudas en la Biblia. 102
9. Parejas en la Biblia 103
10. Jóvenes en la Biblia 105
11. Siervos de Dios 108
12. Gobernantes, ricos y famosos 110
13. Personajes por su forma de morir . . . 111
14. Quiénes fueron 113
15. Quién dijo estas frases 116
16. Quién hizo estas preguntas 118
17. Primeros en la Biblia 120
18. Números en la Biblia 122
19. Preguntas sobre la Navidad 125
20. Preguntas sobre el amor 127
21. Preguntas fáciles 129
22. Curiosidades en la Biblia 130
23. Preguntas generales 132

PREGUNTAS

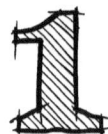

ANIMALES
en la Biblia

1. Engañó a Eva para que desobedeciera a Dios.
2. De ellos confeccionó Dios vestidos para Adán y Eva.
3. En él viajó Rebeca cuando conoció a su futuro marido.
4. De él se disfrazó Jacob y engaño a su padre.
5. ¿Qué animales cargaron los regalos de José a su padre?
6. Subieron del rio cuando Aarón extendió su mano sobre las aguas de Egipto.
7. ¿En cuál de las plagas de Egipto apestaba la tierra?
8. Murieron en el mar con sus jinetes, que perseguían al pueblo de Dios.
9. ¿Qué pasaba con esta comida del cielo cuando se quedaba para otro día?
10. Habló cuando le pegaron con un palo.
11. Lo encontró Sansón en el cuerpo de un león muerto.
12. Uniendo sus colas Sansón quemó una parcela.
13. Con ella mató Sansón a mil filisteos.
14. Saúl los fue a buscar y no los halló.
15. Defendiendo a sus ovejas David los mataba.

16. ¿Con quién compara la Biblia los pies de Asael?

17. Lo montaba Absalón cuando quedo suspendido de una encina.

18. ¿De qué animales protegió Rizpa a sus hijos después de su muerte?

19. ¿Qué animal mató Benaía hijo de Joiada en medio de un foso, cuando estaba nevando?

20. ¿Qué animales sacrificaba Salomón para su provisión cada día?

21. Le trajeron a Elías de comer.

22. Dos de ellos fueron sacrificados en el monte Carmelo.

23. Mataron a unos muchachos que se burlaron de Eliseo.

24. Ellos la desgarraron y se la comieron.

25. Dijo David que su alma clamaba como tal animal.

26. Dice el salmo que a ellos pisaras y hollaras.

27. Se distingue por su laboriosidad.

28. Son cuatro, son los más pequeños y los más sabios que los sabios.

29. Ellos ponen sus casas en la piedra.

30. Ellos están hasta en el palacio del rey.

31. ¿Qué animal fuerte no vuelve atrás por nada?

32. Es mejor este animal vivo que un león muerto.

33. Hieden y dan mal olor al perfume.

34. Según Salomón, ¿qué echa a perder las viñas?

35. ¿De qué animal dice Isaías, uno conoce a su dueño el otro el pesebre de su Señor?

36. ¿De quién dice: Mudará

el etíope su piel, y el ... sus manchas?

37. En un foso los enemigos de Daniel los metieron, pero ellos no se lo comieron.

38. En su vientre estuvo Jonás.

39. Habacuc dice que aunque falten estos animales, él se gozará en Jehová, el Dios de su salvación.

40. La comida de Juan el Bautista en el desierto.

41. De esto se vestía Juan el Bautista.

42. Jesús compara los enviados a predicar con ellos.

43. Dentro de él se encontró Pedro dinero.

44. Una de las señales que seguirá a los creyentes.

45. Aunque fue solo una, el buen pastor la buscó.

46. Echados en el mar por los demonios, se ahogaron.

47. Autoridad nos fue dada del cielo para hollarlos.

48. Con ella a Herodes el Maestro comparó.

49. Fue a apacentarlos el que su herencia gastó.

50. El hijo mayor reclamó a su padre mencionando este animal.

51. Lamian las llagas del pobre que estaba a la puerta del rico.

52. ¿Qué dijo Juan el Bautista de Jesús cuando le vio venir a él?

53. ¿Con qué animal se relaciona más el Señor Jesús?

54. Los vio Pedro descender en un lienzo.

55. Por su orgullo el rey por ellos fue comido.

56. Mordió a Pablo en la mano en una isla.

57. ¿A qué animal se le pone freno para que obedezca?

58. Han sido domados por la naturaleza humana.

59. Se asemeja la bestia del Apocalipsis a estos animales.

Respuestas: pp. 88-89

AVES
en la Biblia

1. ¿Quién puso nombre a las aves?
2. Fue la primer ave en salir del arca de Noé.
3. ¿De qué aves cuidó Abram su ofrenda en el altar que ofreció a Jehová?
4. Trajo una hoja de olivo en su pico.
5. ¿Qué les envió Dios a los israelitas cuando pidieron carne?
6. ¿Qué ave excita su nidada y revolotea sobre sus pollos?
7. De ellos protegió Rizpa a sus muertos.
8. Pájaros inmundos que le llevaron de comer hasta que el arroyo se secó.
9. ¿Qué pájaros hallan su casa cerca de los altares a Jehová?
10. ¿Como qué podemos rejuvenecer?
11. ¿Qué aves, dice la Biblia, conocen su tiempo?
12. ¿Semejante a qué aves crecieron el pelo y las uñas a Nabucodonosor en su locura?
13. ¿A qué ave hace mención un profeta, que aunque en las estrellas hagas tu nido, de allí te derribaré?
14. Después de su bautismo, ¿cómo descendió el Espíritu Santo sobre Jesús?

15. No siembran, ni siegan, ni recogen en graneros y Dios los alimenta.
16. Nunca pensé que haría llorar a un apóstol cuando yo le prediqué.
17. Los ofrecieron José y María cuando presentaron al niño Jesús en el templo.
18. ¿Cómo quiso Jesús amparar a Jerusalén debajo de sus alas?
19. Después que Pedro negó al Señor, el cantó.

Respuestas: p. 90

ÁRBOLES
en la Biblia

1. ¿Cuáles dos árboles se mencionan en el huerto del Edén?
2. ¿Qué fruto produjo la muerte para Adán y Eva?
3. ¿Con hojas de qué árbol la primera pareja se hizo delantales?
4. ¿Qué árbol fue plantado por Abram en Berseba?
5. La vio Moisés como ardía y no se consumía.
6. Lo echó Moisés para endulzar las aguas de Mara.
7. ¿Cuántas palmeras había en Elim, el lugar donde acamparon los israelitas?
8. Este era adorno en las vestiduras sacerdotales.
9. Frutas que trajeron los que envió Moisés a reconocer la tierra de Canaán.
10. ¿A qué cuidad se le llama «ciudad de las palmeras»?
11. ¿Cómo vivieron Judá e Israel bajo el reino de Salomón?
12. ¿Con que árbol se relaciona Elías?
13. ¿Cómo florecerá y crecerá el justo?
14. Así será la mujer que teme a Jehová.
15. ¿Dónde colgaron los israelitas sus arpas?
16. ¿Cuál es el fruto del justo?

17. ¿Quién dice: Planté para mi viñas, me hice huertos y jardines, planté en ellos árboles de todo fruto?

18. ¿Quién dijo: En el lugar que el árbol cayere, allí quedara?

19. ¿Quién es la viña de Jehová según Isaías?

20. ¿Cómo será el que confía en el hombre y se aparta de Jehová?

21. Dice Habacuc: aunque falten... con todo yo me alegraré y me gozaré en el Dios de mi salvación,

22. Ni aun Salomón se vistió como uno de ellos.

23. ¿Por qué cosa se conoce el tipo de árbol?

24. Fue maldecida por no tener fruto.

25. ¿La semilla de qué hortaliza es la más pequeña, pero después que se siembra, y crece se convierte en la más grande de todas?

26. ¿Cómo veía el ciego a los hombres después de que Jesús escupió en sus ojos?

27. ¿A qué árbol subió Zaqueo para ver a Jesús?

28. ¿Debajo de qué árbol vio Jesús a Natanael?

29. ¿Qué dice el apóstol Judas de los falsos profetas?

30. Era lo que tenía en las manos aquella multitud vestida de ropas blancas según el relato de Juan.

31. ¿Cuántos frutos produce el árbol de la vida?

32. ¿Para qué son las hojas de árbol de la vida?

Respuestas: pp. 91-92

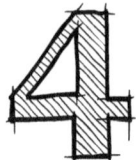

OBJETOS
en la Biblia

1. Esta mujer miró atrás y se volvió...
2. ¿Qué puso Jacob de cabecera y se acostó sobre ella en Betel?
3. En ella subían y bajaban ángeles en el sueño de Jacob.
4. En el mandó José poner su copa de plata.
5. ¿Qué pidieron las mujeres a sus vecinas al salir de Egipto?
6. ¿Qué tienes en tu mano? pregunto Dios a Moisés ¿y él qué le respondió?
7. Instrumento que tocaba María después de cruzar el mar Rojo.
8. Sobre mi se colocaban los panes de la proposición.
9. ¿Qué separaba el lugar santo del santísimo en el tabernáculo?
10. ¿Con que se hizo la fuente en el tabernáculo?
11. Estando seca tuvo flores, renuevos y fruto.
12. ¿Dónde colgó una mujer un cordón rojo?
13. ¿Qué cosas hurtó Acán que causaron la derrota en una guerra de Israel?
14. ¿En qué guerra envió Jehová piedras de granizo que mataron al enemigo?
15. ¿En dónde se detuvo el sol y la luna se paró?

16. ¿Qué le clavaron a Sísara en las sienes?

17. Fue señal para Gedeón, quedó mojado por la mañana, y de él se llenó un tazón de agua.

18. Fui encontrado en el cuerpo de un león muerto.

19. ¿Qué obtuvo Sansón al matar 30 hombres?

20. Me usaron como arma para matar a 1000 filisteos.

21. Era costumbre en Israel con respecto a la redención.

22. Cortaron conmigo la cabeza de un gigante.

23. ¿Qué echó Eliseo a los manantiales de aguas malas?

24. ¿De qué tamaño era la nube que vio el siervo de Elías?

25. ¿Cómo se vestía Elías?

26. ¿Con qué golpeó Elías las aguas del rio Jordán?

27. El profeta partió las aguas del rio usándome.

28. ¿Qué objetos tenía el cuarto construido para Eliseo?

29. ¿En qué pusieron las cabezas de los hijos del rey Acab?

30. ¿Qué retrocedió 10 grados como una señal?

31. ¿Como era el asta de la lanza de un gigante llamado Lohmi?

32. ¿Qué cosa era de los colores, blanco, verde y azul en el palacio real en Susa?

33. ¿Qué le puso Asuero a Ester cuando la hizo reina en lugar de Vasti?

34. ¿Cuál era la cama de muchos, cuando los judíos recibieron el decreto del rey de destruirlos?

35. ¿Qué le dio el rey Asuero a Mardoqueo que era de Aman?
36. Según el salmista, ¿que infunde aliento?
37. ¿Qué colgaron sobre los sauces los exiliados de Babilonia?
38. ¿Qué cosa de tres dobleces no se rompe pronto?
39. Según Isaías, ¿qué se pudrirá a causa de la unción?
40. ¿Qué compró y escondió Jeremías por orden de Dios y cómo lo encontró?
41. ¿Cómo es la palabra de Dios según el libro de Jeremías?
42. ¿Qué puso Jeremías a los recabitas delante para que bebieran?
43. ¿Qué hacían los recabitas en obediencia a su padre?
44. ¿Qué quemó el rey Joacim?
45. Los vio Ezequiel en una visión secos en gran manera.
46. ¿Qué regalos ofrecieron a Jesús unos caminantes que siguieron una estrella?
47. Me usaron como regalo aunque soy amarga.
48. Jesús quiere que seamos como ella.
49. Según dijo Jesús, ¿qué es el ojo?
50. Jesús dijo que están todos contados.
51. Jesús dijo que el que haga esto no quedaría sin recompensa.
52. Dijo Jesús que podemos llevarlo porque es fácil.
53. Sobraron luego de la alimentación de 5,000 hombres.
54. Cinco vírgenes dejaron que estas se apagaran.

55. ¿Que tejieron conmigo para ponerla a un condenado a muerte?

56. Se rasgo en dos cuando Jesús murió.

57. Un joven estaba envuelto conmigo cuando prendieron a Jesús.

58. ¿En dónde escribió Zacarías el nombre de Juan?

59. Dijo Jesús que debíamos negarnos a nosotros mismos y cargarla.

60. Una mujer me buscó con diligencia hasta encontrarme.

61. ¿Qué mando el padre poner a su hijo prodigo?

62. ¿Qué grano Jesús tomó como ejemplo de fe?

63. He llegado a ser símbolo de triunfo aunque me quedé vacía.

64. ¿Qué llenaron por orden de Jesús que produjo el milagro de la conversión del agua en vino?

65. Lo dejó una mujer al encontrarse con Jesús.

66. ¿Qué hizo Jesús después de la cena con sus discípulos?

67. Con ella enjugó Jesús los pies de los apóstoles.

68. ¿Qué le dieron a Jesús cuando dijo: Tengo sed?

69. ¿Con qué artefacto un soldado traspasó a Jesús para comprobar que estaba muerto?

70. ¿Cómo escapó Pablo de los judíos que pensaban matarlo en Damasco?

71. ¿Qué vio Pedro descender del cielo con toda clase de animales?

72. ¿Qué llevaban de Pablo a los enfermos para que fueran sanados?

73. ¿A qué se compara la

palabra de Dios (algo cortante)?

74. ¿Qué cosas encargó Pablo a Timoteo que llevara cuando fuera a verlo?

75. ¿Qué se pone a los caballos para que obedezcan?

Respuestas: pp. 93-95

 ALIMENTOS
y condimentos

1. ¿Qué presente llevaron sus hermanos a José?
2. ¿Cuándo los egipcios tuvieron asco de beber del río?
3. ¿Cuál era el sabor del maná?
4. ¿Cómo era la apariencia del maná?
5. Era adorno en las vestiduras de los sacerdotes.
6. ¿De qué comida se acordaban los israelitas en el desierto?
7. Cuando un general pidió agua, le dieron esto.
8. ¿Qué alimentos dijo Nabal no daría a un desconocido como David?
9. ¿Quién coció hojuelas para su hermano quien creía estaba enfermo?
10. ¿Qué alimentos se multiplicaron a la viuda de Sarepta?
11. ¿Qué llenó la viuda por orden del profeta para pagar una deuda?
12. ¿Qué repartió David a todo el pueblo cuando trajo el arca a Jerusalén?
13. Diga algunas especies mencionadas en el libro de Cantares.
14. ¿Qué decían los niños a sus madres en las plazas de la ciudad según Jeremías?

15. ¿De qué se abstenía una familia que vivía en tiendas en tiempos de Jeremías?

16. A Jeremías le daban eso de comer cada día.

17. ¿Qué alimentos pidió Daniel en lugar de la ración y provisión para ellos en Babilonia?

18. ¿De quién dice la Biblia fue torta no volteada?

19. ¿Qué recogía el profeta Amós cuando dijo que era boyero?

20. ¿Cómo seria zarandeada la casa de Israel?

21. ¿Qué comía Juan el Bautista en el desierto?

22. Dijo Jesús que seriamos como ella por su sabor.

23. ¿Qué diezmaban los escribas y fariseos?

24. ¿Qué puso una mujer en tres medidas de harina?

25. Deseaba llenar su vientre de ellas pero nadie le daba.

26. Jesús dijo a Pedro que satanás deseaba zarandearlo como a...

27. ¿Cuál fue la comida que Jesús compartió con sus discípulos en la playa?

28. ¿Qué milagro sucedió en las bodas de Caná de Galilea?

Respuestas: pp. 96-97

MUJERES
en la Biblia

1. ¿A qué mujer se le dan tres nombres?
2. ¿Qué mujer le dio al mundo su primer músico?
3. ¿De qué mujer dice la Biblia que era hermosa en gran manera?
4. ¿De qué nacionalidad era Agar?
5. ¿Qué mujer le dio a Abraham su primer hijo?
6. ¿Quién fue la nodriza de Rebeca?
7. Fui estéril, mi esposo oro por mi y gemelos recibí.
8. Fue la hija mayor de Laban.
9. ¿Qué mujer escondió los ídolos de su padre?
10. Tuvo doce hermanos, siendo ella la única mujer.
11. ¿Qué mujer tuvo gemelos de su suegro?
12. ¿Por causa de qué mujer fue José a parar en la cárcel?
13. ¿Quiénes fueron parteras en Egipto?
14. ¿Quién vigilaba la vida de su hermano a la orilla de un rio?
15. ¿Qué mujer tuvo compasión de un niño que lloraba?
16. ¿Qué mujer fue nodriza de su propio hijo?

17. ¿Quién fue la esposa de Aarón?

18. ¿Qué mujer fue castigada por criticar a su cuñada?

19. Diga los nombres de las hijas de Zelofehad.

20. Pidieron a Moisés herencia de su padre.

21. Una cuerda en la ventana colgó y por eso ella y su familia se salvaron.

22. ¿Qué mujer pidió como herencia, las fuentes de arriba y de abajo?

23. ¿Qué mujer, siendo ramera, vino a ser de la línea Mesiánica?

24. ¿Qué mujer fue juez y gobernó a su pueblo?

25. ¿Qué mujer mato a un general con una estaca?

26. ¿A qué mujer le llamaba Débora bendita entre las mujeres?

27. ¿Qué mujer hirió a un rey con la rueda de un molino?

28. Con sus palabras melosas descubrió un secreto.

29. Viajo con sus nueras a Belén. Una con ella se quedo, la otra regreso.

30. ¿Qué mujer prefirió irse a su tierra y a sus dioses?

31. ¿Quién irritaba, enojaba y entristecía a Ana?

32. Lloro amargamente en oración por el deseo de tener un hijo.

33. ¿Quiénes despertaron los celos en Saúl por sus cantos?

34. ¿Qué mujer ayudo a su esposo a huir por una ventana?

35. ¿Qué mujer tuvo un esposo cuyo nombre significa necio e insensato?

36. ¿Qué mujer sabia y de buen razonamiento

evito una masacre en su familia?

37. ¿Qué mujer reunió suficiente comida y vino para satisfacer la necesidad de David y sus hombres?

38. ¿Qué mujer adivina invocó a los muertos?

39. ¿Qué mujer dio de comer a un rey y a sus siervos?

40. ¿A qué mujer Dios le cerró la matriz por burlarse de su esposo?

41. ¿Qué mujer de su belleza resulto adulterio y asesinato?

42. ¿Qué mujer con su sabiduría y diplomacia salvo una ciudad de la muerte?

43. ¿Qué mujer joven y hermosa cuidó a un rey?

44. ¿Qué mujer encontró en Salomón mas de lo que esperaba?

45. ¿Qué mujer fue hija, esposa, reina y madre de reyes?

46. ¿Qué mujer compartió su ultima comida con un profeta?

47. ¿Qué mujer perversa incitó a su esposo a hacer lo malo?

48. ¿Qué mujer hizo un apartamento amueblado para el profeta Eliseo?

49. ¿Quién compartió su fe con un general leproso?

50. ¿Qué mujer libró a un niño y a su ama de morir a manos de una reina malvada?

51. ¿A qué mujer de Abram se le llama concubina?

52. ¿Qué mujer se quedó asombrada con la sabiduría y riqueza de un rey?

53. ¿Qué reina mato a su descendencia?

54. ¿Qué mujer no quiso

exhibir su belleza ante unos hombres ebrios?

55. ¿Cuál era el nombre original de Ester?

56. ¿A qué mujer la adoptó su tío como a su hija?

57. ¿Qué mujer aconsejó a su esposo a hacer una horca para su enemigo?

58. ¿Cuál fue el nombre de la mujer de Aman?

59. ¿Qué mujer predijo la caída de su esposo?

60. ¿Qué mujer salvó a su nación de genocidio?

61. ¿Qué mujer le dijo a su esposo: Maldice a tu Dios y muérete?

62. ¿Con qué mujer dice el sabio al hombre que debe alegrarse?

63. Aquí hay un contraste que nos instruye: la mujer que edifica y la mujer que destruye.

64. ¿Quién es mas estimada que las piedras preciosas?

65. ¿Qué refrán menciona Ezequiel de la madre e hija?

66. ¿A qué mujer Jesús sanó de fiebre?

67. ¿Por causa de qué mujer mataron a Juan?

68. ¿Qué mujer rogó a Jesús que echara de su hija el demonio?

69. ¿A qué mujer se le recuerda por sus ayunos y oraciones?

70. ¿Qué mujer fue libre de siete demonios?

71. ¿Quién era mujer de Chuza?

72. ¿Qué mujeres recibían a Jesús en su hogar?

73. ¿De qué mujer Jesús repitió su nombre dos veces?

74. ¿Qué mujer estudió la Palabra en la

universidad de los píes (de Jesús)?

75. ¿De qué mujer dijo Jesús que escogió la mejor parte, la cual no le será quitada?

76. ¿A qué mujer le declaró Jesús que era el Mesías?

77. ¿Quién abandonó su cántaro cuando se encontró con Jesús?

78. Ofreció un perfume de nardo puro al Señor.

79. ¿Quién era Candace?

80. ¿En el hogar de qué mujer se reunían los cristianos a la oración?

81. ¿A qué mujer le llamaron «*loca*»?

82. ¿Qué mujer vendía púrpura?

83. ¿A qué hermana recomendó Pablo que la recibieran y le ayudaran en todo lo que necesitara?

84. Fue diaconisa en Cencrea.

85. ¿Cómo debe ser el atavío de mujeres que profesan piedad?

86. ¿Cómo se puede ganar a un esposo inconverso?

Respuestas: pp. 98-100

 # MADRES
en la Biblia

1. Fue la madre del primer asesino.
2. Fue la madre de Jabal y Jubal.
3. ¿Quién fue la madre de Tubalcaín?
4. Fue la madre de Set.
5. Fue madre de dos naciones.
6. De sus hijos gemelos prefirió al menor.
7. ¿Qué madre animó a su hijo a engañar a su padre?
8. ¿Qué madre dijo a su hijo: Sea sobre mí tu maldición?
9. ¿Quién fue la madre de Judá?
10. Fue la madre de Dina.
11. Fue la madre de José y Benjamín.
12. ¿Qué mujer fue nodriza de su propio hijo?
13. ¿A qué madre le mataron a su hijo por ser blasfemo?
14. ¿Qué madre tuvo tres hijos famosos?
15. Fue la madre de Samuel.
16. ¿Qué madre cada año hacia una túnica para su hijo?
17. ¿Qué madre dio a David su primer hijo?
18. Fue la madre de Quileab o Daniel.
19. Fue la madre de Joab.

20. ¿Quién fue la madre de Salomón?

21. Madre e hija igual de malvadas.

22. Fue la madre de Booz.

23. Fue la madre de Josafat.

24. Fue la madre del rey Joram.

25. Fue la madre de Manasés.

26. ¿Qué madre aconsejaba a su hijo rey que hiciera lo malo para su perdición?

27. ¿Quién fue la madre de Uzías el rey?

28. ¿Quién fue la madre de Obed?

29. ¿Quién fue la madre de Sedequías?

30. ¿Quién fue la madre de Lo-ruhama?

31. ¿Qué madre sugirió a su hija pedir la cabeza de Juan el Bautista en un plato?

32. ¿Qué madre pidió a Jesús para sus hijos un lugar en su reino?

33. Esta madre (y su hijo antes de nacer), fueron llenos del Espíritu Santo.

34. ¿Qué madre encontró a su hijo perdido después de tres días?

35. Fue madre de un famoso evangelista.

36. Esta madre ocultó a su hijo por tres meses para salvarlo de la muerte.

Respuestas: p. 101

VIUDAS
en la Biblia

1. ¿Qué dijo Judá a Tamar respecto a su hijo menor (Sela)?
2. ¿Qué mujer fue viuda por dos veces?
3. Se quitó los vestidos de viuda y fue tenida por ramera.
4. Una viuda que tuvo gemelos de un incesto.
5. Fue una mujer joven, viuda y rica con la que se casó David.
6. Quedó viuda debido a la lealtad de su esposo.
7. ¿Cómo murieron las diez concubinas de David?
8. ¿Qué viuda tuvo un amoroso cuidado de sus muertos?
9. ¿De quién era hijo Hirom de Tiro que trabajaba el bronce?
10. ¿Qué viuda alimentó a un profeta?
11. Estuvo en riesgo de que sus hijos fueron tomados esclavos debido a la deuda que le heredo su esposo.
12. Vasijas prestadas lleno y cuando ninguna quedo, éste ceso.
13. Quedó viuda y desamparada en tierra extraña.
14. ¿Cuáles tres viudas salieron de Moab?
15. Volvió a su tierra y a sus dioses.

16. Una viuda que adoptó el pueblo y la fe de otra viuda.

17. Fue profetiza, y por 84 años viuda.

18. ¿A qué viuda Jesús le dijo: No llores?

19. ¿De qué habla Jesús en la parábola de la viuda y el juez injusto?

20. La alabó Jesús por dar todo su sustento.

21. Fue viuda por tres horas.

22. ¿Cual era la queja de los griegos contra los hebreos en la iglesia primitiva?

23. Lloraron a Dorcas en su muerte.

24. ¿De quien confeccionaba Dorcas las túnicas?

25. ¿A quién Pablo exhorto a honrar a las viudas que en verdad lo son?

26. ¿Cuál es la religión pura y sin mácula?

Respuestas: p. 102

 # PAREJAS
en la Biblia

1. ¿De qué fue formada Eva?
2. Fueron los padres de Set.
3. Por orden de Dios los metió Noé en el arca.
4. Entré con mi esposa y mi familia al arca.
5. Fueron los padres de una gran nación.
6. Convino con su esposa mentir para no morir.
7. Mi esposo oró por mi y gemelos concebí.
8. Fue la segunda esposa de Jacob aunque no por decisión propia.
9. ¿Quiénes fueron los padres de Judá?
10. ¿Quién dijo a su esposo: Dame hijos o si no, me muero?
11. ¿Con quién se caso Judá?
12. ¿Quién fue la mujer de José?
13. ¿Quién dijo a su esposo: A la verdad tu me eres un esposo de sangre?
14. Mencione los hijos de Aarón y Elizabet.
15. Mencione los hijos de Moisés y Sefora.
16. Sus hijos son Aarón, Moisés y María.
17. Fue la mujer de Otoniel.
18. ¿De quién era mujer Débora?

19. ¿De quién era mujer Jael?

20. Por causa de mi mujer, me sacaron los ojos, me ataron con cadenas para que muriese en la cárcel.

21. Dejaron su tierra por hambre y encontraron la muerte.

22. Fueron los padres de Obed.

23. ¿Quién fue la segunda esposa de Elcana?

24. Fue mujer de Adriel meholatita.

25. Puso una estatua en la cama para engañar a su padre que quería matar a su esposo.

26. ¿De quién era hijo Adonias?

27. Su mujer lo incitaba a hacer lo malo ante los ojos de Dios.

28. ¿Quién fue la esposa del rey Ezequías?

29. ¿Quiénes fueron los padres de Sedequias?

30. Fueron los padres de Booz.

31. Huyeron a Egipto con el niño Jesús por causa de Herodes.

32. ¿Qué dice la Biblia de Zacarías y Elizabet con respecto a su vida espiritual?

33. Fueron los padres de Juan el Bautista.

34. Al vender su propiedad, acordaron retener una parte del dinero que les dieron por ella, y dar el resto a la iglesia.

35. ¿De que pareja dice Pablo eran sus colaboradores en Cristo?

36. Enseñaron a Apolos el camino de la fe.

37. Era mujer judía, esposa del gobernador Félix.

Respuestas: pp. 103-104

 # JÓVENES
en la Biblia

1. ¿En qué consistió la ofrenda de Abel?
2. Diga los nombres de los hijos de Noé.
3. ¿Qué joyas obsequió Eliezer a Rebeca?
4. ¿Qué joven vendió su primogenitura por comida?
5. ¿Por qué clase de guisado vendió Esaú su primogenitura?
6. ¿Quién causó amargura en sus padres por causa de sus mujeres?
7. ¿Qué jóvenes por venganza mintieron, robaron y asesinaron?
8. ¿Qué joven era el más distinguido en la casa de su padre?
9. ¿Por su curiosidad juvenil se origino una matanza de gente inocente?
10. ¿A quién su padre le regaló una túnica de colores?
11. ¿A qué joven le llamaron el soñador?
12. ¿Qué joven era de hermoso semblante y bella presencia?
13. ¿Qué joven huyó ante el acoso y seducción de una mujer?
14. ¿Cómo llamó Faraón a José en Egipto?
15. Mencione los hijos de José.
16. ¿A quién le dio Caleb

su hija por conquistar una ciudad?

17. ¿Qué chica lloró dos meses su virginidad?

18. Fue nazareo desde su nacimiento.

19. ¿Qué joven arranco las puertas de una ciudad y las llevo en su espalda?

20. Fue juez y libertador de su nación, mas lo venció su pasión.

21. Dios le dio fuerza y la demostró, pero el diablo se la robó porque se descuido.

22. ¿Qué jóvenes murieron en Moab dejando a sus mujeres viudas?

23. ¿Quién le puso nombre a Obed?

24. ¿Qué hacia el joven Samuel en el templo?

25. ¿A quiénes preguntó Saúl por el vidente, varón de Dios?

26. Era el más alto en el pueblo de Israel.

27. ¿Qué joven era prudente en sus palabras?

28. Lo amaba David como a si mismo.

29. ¿Quién era Merab?

30. ¿Quién de las hijas de Saúl amaba a David?

31. ¿A cuántos mató David para hacerse el yerno del rey?

32. Fue falso y nocivo amigo de Amnón.

33. Se fingió enfermo para violar a su hermana.

34. ¿Cómo era el vestido de las vírgenes que llevaba Tamar?

35. ¿Cómo murió Absalón?

36. ¿Cuántos jóvenes escuderos terminaron con la vida de Absalón?

37. ¿Quién era maestro de canto entre los cantares?

38. ¿De quién dijo David: El

es joven y tierno de edad?

39. ¿Quién dejó el consejo de los ancianos y tomó el de los jóvenes?

40. ¿De quién se dice que era joven y pusilánime?

41. ¿Quién participó en un concurso de belleza y lo gano?

42. ¿Cuánto era el tiempo de los atavíos de las jóvenes doncellas para presentarse ante el rey?

43. Diga los nombres de los hijos de Amán.

44. ¿Cómo se llamaron las hijas de Job?

45. Fueron las mujeres mas hermosas de toda la tierra.

46. ¿Quién no vió al justo desamparado ni su descendencia que mendiga pan?

47. ¿Cómo es el que gana almas?

48. ¿Cuándo debe el joven acordarse de su creador?

49. ¿Quién dice: Padre mío, guiador de mi juventud?

50. ¿A fin de qué tiempo debían presentarles los jóvenes que fueron traídos de Jerusalén a Babilonia al rey?

51. ¿Qué otro nombre le dieron a Daniel en Babilonia?

52. ¿Qué nombres les puso el jefe de los eunucos a los jóvenes hebreos en Babilonia?

53. ¿A quién le dijo el ángel: Eres muy amado?

54. ¿Qué joven pregunto: Que mas me falta?

55. ¿Qué le pidió una joven a Herodes el día de su cumpleaños?

56. Estaba envuelto en una sabana cuando prendieron a Jesús.

57. ¿A qué joven Jesús resucitó?

58. ¿Qué joven pidió a su padre la herencia para gastarla perdidamente?

59. ¿Cuándo unos jóvenes se convirtieron en sepultureros?

60. ¿Cómo se llamó el joven que se durmió en el discurso de Pablo?

61. ¿A qué joven le dice Pablo: Que ninguno tenga en poco tu juventud?

62. ¿A quién dice Pablo: Ocúpate en la lectura, la exhortación y en la enseñanza?

63. ¿Quién enseñó al joven Timoteo las sagradas escrituras?

64. ¿Quién es Tito (a quien Pablo escribe una carta)?

65. Pablo dice a Tito que exhorte a los jóvenes a ser así.

66. ¿A qué joven Pablo le dice: Que nadie te menosprecie?

Respuestas: pp. 105-107

SIERVOS
de Dios

1. ¿Por causa de quién Labán fue bendecido?
2. ¿Cómo llamaron a Abram en el encinar de Mamre?
3. Con un ángel peleó.
4. ¿Cuál era el otro nombre de Jetro?
5. Parte del botín se robó, lo escondió y con él su familia pereció.
6. Transportaron sus huesos por cuarenta años.
7. ¿Cuál era el nombre del siervo de Eliseo?
8. Un muerto, tocando sus huesos, revivió.
9. Lloró e hizo duelo cuando supo que el muro de la ciudad fue derribado y las puertas quemadas.
10. ¿Qué cita bíblica profetiza de Judas?
11. ¿Quién profetizó del nacimiento milagroso de Jesús?
12. ¿A qué varones justos menciona Ezequiel?
13. ¿Qué profeta tuvo una visión de huesos secos?
14. ¿Qué dijo Amós que no era pero sí era?
15. Diga los nombres de los apóstoles de Jesús.
16. ¿A cuáles de sus discípulos Jesús llamó hijos del trueno?

17. ¿Con qué espíritu iría Juan delante de Jesús?

18. ¿Qué era Juan desde su nacimiento?

19. ¿Cómo sería Juan desde el vientre de su madre?

20. ¿Cuál era el oficio de Zacarías?

21. ¿Cuál es el nombre del ángel que anunció el nacimiento de Jesús?

22. ¿Qué dos ancianos estaban en el templo cuando Jesús fue llevado por sus padres?

23. ¿Qué discípulo hizo un banquete a Jesús en su casa?

24. ¿A qué varones vieron Pedro, Jacobo y Juan acompañando a Jesús en el monte de la transfiguración?

25. ¿Cómo era llamado Tomás?

26. ¿Cómo se llamaba el siervo a quien Pedro le cortó la oreja?

27. ¿De quién leía el eunuco etíope y no entendía?

28. ¿Qué hombre ante Pedro se postró, echo que Pedro inmediatamente rechazó?

29. ¿Cuándo Pedro pensaba que veía una visión que más bien era realidad?

30. Lo apedrearon y pensaron que estaba muerto.

31. ¿Qué nombres dieron a Pablo y Bernabé en Listra?

32. ¿Quiénes en la cárcel cantaban?

33. ¿Cómo se llamaba el Dios, cuyo altar Pablo identificó en Atenas?

34. ¿Cuál era el oficio de Pablo?

35. En su defensa ante este gobernador le llamaron a Pablo una plaga.

36. ¿A qué hombres Pablo entregó a satanás para que aprendieran a no blasfemar?

37. ¿De que hombre dice el apóstol Pablo que le desamparó amando este mundo?

38. Fue esclavo sobre el cual Pablo escribió una carta.

39. Tuvo una revelación en una isla.

Respuestas: pp. 108-109

 # GOBERNANTES,
ricos y famosos

1. ¿Con qué rey acabó Aod?
2. ¿Cuál fue otro nombre de Gedeón?
3. Se fingió loco para escapar de sus enemigos.
4. Su nombre significa necio e insensato.
5. ¿Qué rey arrojó de Israel a todos los encantadores y adivinos?
6. ¿Qué anciano rico de 80 años dio provisiones a David?
7. ¿A qué hombre decapitaron y arrojaron su cabeza desde el muro de la cuidad por sublevarse contra David?
8. General sirio, sanado de lepra.
9. ¿Qué rey exterminó el culto a Baal?
10. ¿Cuál era el mandamiento del rey con respecto a Aman?
11. Su hija adoptiva se hizo reina.
12. ¿A qué rey le sacaron los ojos?
13. ¿A que hombre ordenó Nabucodonosor cuidar a Jeremías?
14. ¿Qué rey mandó asesinar a todos los niños menores de dos años?
15. ¿Cómo se traduce el nombre Barjesús?

Respuestas: p. 110

 PERSONAJES
por su forma de morir

1. ¿De cuántos años murió Matusalén?
2. Murió hecha una estatua de sal.
3. ¿Dónde murió y fue sepultada Sara?
4. ¿Dónde murió Raquel y fue sepultada?
5. ¿Quiénes sepultaron a Isaac?
6. Dios les quitó la vida por ser malos.
7. ¿Qué mujer murió del parto de su segundo hijo?
8. ¿Dónde fue sepultada Lea?
9. ¿Cuándo en Egipto no había casa donde no hubiera un muerto?
10. ¿Cómo murieron Nadab y Abiú?
11. Se abrió la tierra y se los tragó por conspirar contra Moisés y Aarón.
12. ¿Dónde murió María, hermana de Aarón y Moisés?
13. ¿Dónde murió Aarón?
14. Murió sin dejar hijos varones.
15. ¿Dónde murió Moisés?
16. Murió y nadie supo donde se sepultó.
17. Murió con una estaca en las sienes.
18. ¿Sobre qué cosa mató Abimelec a sus 70 hermanos?

19. Fue herido con la rueda de un molino y su escudero lo mató.

20. ¿Quién mató a setenta hermanos?

21. Murió aplastado entre las columnas del templo de Dagón.

22. ¿Quién murió junto con sus enemigos?

23. En su muerte mató a más enemigos que en su vida.

24. ¿Qué salió del costado de Jesús cuando le traspasaron con una lanza?

25. ¿A qué hombres les cortaron las manos y los pies y los colgaron sobre un estanque?

26. Estando sentado se cayó, se desnucó y murió.

27. Murió con una piedra clavada en la frente y decapitado.

28. ¿Quién mató a ochenta y cinco sacerdotes de Jehová?

29. ¿Cómo murió Jonatán y sus hermanos?

30. Murió por dar la noticia de la muerte de Saúl y su hijo.

31. ¿Quién, después de ordenar su casa, fue y se ahorcó, y así murió?

32. Murió colgado en una enciña.

33. ¿Quién remató a Absalón?

34. Se echó sobre su propia espada.

35. ¿Quién mató a Joab?

36. Murió enfermo de los pies.

37. Murió por negarse a vender la heredad de sus padres.

38. ¿Cómo murió Nabot?

39. ¿Quién profetizó la muerte del rey Acab?

40. Subió al cielo en un torbellino.
41. Murieron despedazados por dos osos por burlarse de Eliseo.
42. Fue lanzada, atropeada y comida por perros.
43. ¿Cómo murió Atalía?
44. Murió porque quiso sostener el arca de Jehová cuando los bueyes tropezaban.
45. ¿Cómo murió David?
46. ¿Qué rey se enfermó y no buscó a Jehová sino a los médicos y murió?
47. Llenaron su ataúd de perfumes y diversas especias aromáticas preparadas por expertos.
48. ¿Quién encontró la muerte herido por una saeta perdida, aunque se disfrazó?
49. Murió de una enfermedad penosa en los intestinos.
50. ¿Cómo murió Ben-adad, rey de Siria?
51. Fue leproso hasta su muerte.
52. Murió en su propia horca.
53. ¿Cómo murió Job después de su aflicción?
54. Murieron en una cruz al lado de Jesús.
55. ¿Quién murió decapitado por orden de un rey malvado?
56. ¿Cuándo se abrieron los sepulcros y muchos cuerpos de santos se levantaron?
57. Dijo Jesús que murió y fue llevado al seno de Abraham.
58. ¿Qué dijo Jesús al morir?
59. Lo amaba tanto Jesús que hasta lloró cuando el murió.
60. ¿Qué no le hicieron a

Jesús al ver que estaba muerto?

61. Adquirió un campo y allí se suicidó.

62. Mató a espada a Jacobo, hermano de Juan.

63. Murió comido por los gusanos.

Respuestas: pp. 111-112

QUIÉNES
fueron

1. ¿Quién era tío de Lot?
2. ¿A quién le dio Abram los diezmos del botín de una guerra?
3. ¿Quiénes sacaron a Lot y a su familia de Sodoma?
4. ¿Por quién oró Abram y fueron sanados de esterilidad?
5. ¿Quién oró por su esposa que era estéril?
6. ¿Quién fue el padre de Rebeca?
7. ¿Quiénes subían y bajaban en el sueño de Jacob?
8. ¿Quiénes fueron los hijos de Judá?
9. ¿A quién interpretó José sus sueños estando en la cárcel?
10. ¿A quién se le hizo la mano leprosa al meterla en su seno?
11. ¿Quién se consideró a sí mismo torpe de lengua?
12. ¿Quién fue la boca de Moisés ante el Faraón?
13. ¿Quiénes sostenían las manos de Moisés en la guerra contra Amalec?
14. ¿Quién era el padre de Josué?
15. ¿Quiénes quedaron en el campamento, sobre los que reposó el Espíritu y profetizaban?

16. ¿Quién le cambió el nombre a Oseas, hijo de Nun?

17. ¿Quiénes dijeron que Moisés les hizo venir de una tierra que destilaba leche y miel?

18. ¿Quién tenia una cama de hierro?

19. ¿A quién ordenó Dios escribir una copia de la ley original, tenerla consigo y leerla todos los días?

20. ¿Quién fue el sucesor de Moisés?

21. ¿Quién era Otoniel?

22. ¿Quién acompaño a Débora en la guerra de Jabín, rey de Canaán?

23. ¿Quién pidió agua y le dieron leche?

24. ¿Quién fue Fura?

25. ¿Quién fue Jotam?

26. ¿Quién quedó de los hijos de Gedeón cuando mataron a sus hermanos porque se escondió?

27. ¿Quién fue un juez, y un nazareo desde su nacimiento?

28. ¿Quién fue el padre de Sansón?

29. ¿Quiénes eran los hijos de Noemí?

30. ¿Quién fue el padre de Obed?

31. ¿Quién quedó lisiado de los pies por causa de su nodriza?

32. ¿De quién era hijo Mefiboset?

33. ¿Qué rey ayunó siete días por su niño enfermo?

34. ¿Quién era Barzilai?

35. ¿A quién perdonó la vida David a causa de un juramento?

36. ¿Quién estuvo a punto de matar a David?

37. ¿Quién hirió a los filisteos hasta que su mano quedó pegada a la espada?

38. ¿Quién fue el principal de los treinta valientes de David?

39. ¿Quién por temor a morir, se asió de los cuernos del altar?

40. ¿Quién resucitó al hijo de la sunamita?

41. ¿Quién era Naamán?

42. ¿Quién hizo que un hacha flotara en el agua?

43. ¿Quién extermino el culto a Baal?

44. ¿Quién destruyó la serpiente de bronce que hizo Moisés?

45. ¿De quién era hijo Isaías?

46. ¿Quién reinó más que todos los reyes en Jerusalén?

47. ¿Quién encontró el libro de la ley en el templo?

48. ¿Quién fue el más ilustre de sus hermanos, que cuando invocó a Jehová, Él le otorgó lo que pidió?

49. ¿Quién perdió el derecho de primogenitura por violar el lecho de su padre?

50. ¿Quién tuvo hijas y no hijos?

51. ¿Quién fue sacerdote, escriba y erudito en la ley de Dios?

52. ¿Quién fue el padre de Ester?

53. ¿A quién dice Dios: Me incitaste para que lo arruinara sin causa?

54. ¿Quién caza la preciosa alma del varón?

55. ¿Quién habla del Lucero, hijo de la mañana?

56. ¿Quién fue el padre de los recabitas?

57. ¿Quién sacó a Jeremías de la cisterna?

58. ¿Quién predijo que la ciencia aumentaría?

59. ¿Quién profetizó el derramamiento del Espíritu Santo?

60. ¿Quién profetizó sobre los carros motorizados?

61. ¿Quién fue el padre de David?

62. ¿A quién, en su cumpleaños, le pidieron la cabeza de un profeta?

63. ¿De quién pensaron que era un fantasma?

64. ¿De qué familia fue Elizabet?

65. ¿Quién quedó mudo por dudar?

66. ¿Quién le puso el nombre a Juan?

67. ¿Quién recibió revelación que no vería la muerte antes de conocer al Mesías?

68. ¿Quién vino al templo, movido por el Espíritu Santo?

69. ¿De quién era intendente Chuza?

70. ¿A quién le dio Jesús el nombre de Cefas?

71. ¿Quién visitó a Jesús de noche?

72. ¿Quién era el suegro de Caifás?

73. ¿Quién era Barsabás, quien tenia por sobrenombre *Justo*?

74. ¿Quién fue el sucesor de Judas?

75. ¿Quién dijo: No tengo plata ni oro, mas lo que tengo te doy?

76. ¿Quién era hijo de un perfumero?

77. ¿A quién le vieron el rostro como de un ángel?

78. ¿Quién dice de Moisés que fue enseñado en toda la sabiduría de los

egipcios, y que era poderoso en palabras y obras?

79. ¿Quién era el principal perseguidor de la iglesia primitiva?

80. ¿Quién ofreció dinero a los apóstoles para obtener el don de Dios?

81. ¿A quién envió Dios a evangelizar a un sólo hombre?

82. ¿Quién se convirtió y se bautizó en el desierto?

83. ¿Quién oró por Saulo para que recibiera la vista?

84. ¿De quién dice la Biblia que era conforme al corazón de Dios?

85. ¿A quién reprendió Pablo y se quedó ciego por un tiempo por estorbar a la obra de Dios?

86. ¿Quiénes creyeron en la predicación de Pablo en Atenas?

87. ¿Quiénes tenían el mismo oficio y trabajaban juntos?

88. ¿De quién se dice era varón elocuente, poderoso en las Escrituras?

89. ¿A quién pusieron en la cárcel, dándole pan de aflicción y agua de angustia?

90. ¿Quién tenía la escuela donde Pablo enseñó por dos años?

91. ¿Quién le dijo a Pablo: Estas loco, Pablo; las muchas letras te vuelven loco?

92. ¿De quién dice Pablo que le causó muchos males?

93. ¿Quién era Onésimo?

94. ¿A quién se le llama pregonero de justicia?

95. ¿Quién afligía su alma justa al ver la maldad de Sodoma?

96. ¿Quién era jefe de los sacerdotes que tenía siete hijos?

Respuestas: pp. 113-115

QUIÉN
dijo estas frases

1. «Sea la luz»
2. «No es bueno que el hombre este solo»
3. «¿No esta toda la tierra delante de ti?»
4. «¿Destruirás también al justo con el impío?»
5. «¿Para que pues me servirá la primogenitura?»
6. «Sea sobre mi tu maldición»
7. «Bendíceme también a mi, padre mío»
8. «No te dejaré, si no me bendices»
9. «Déjame porque raya el alba»
10. «Vi a Dios cara a cara y fue librada mi alma»
11. «La gente de mi pueblo sabe que eres mujer virtuosa»
12. «Vi yo un gran alboroto... y no sé qué era»
13. «Todo es tuyo y de lo recibido de tu mano te damos»
14. «Ejecutó lo bueno, recto y verdadero delante de Jehová su Dios» [Se dice de este rey].
15. «Las aguas hurtadas son dulces y el pan comido en oculto es sabroso»
16. «No negué a mis ojos ninguna cosa que desearan»
17. «Todo lo hizo hermoso

en su tiempo y ha puesto eternidad en el corazón de ellos»

18. «Cumple lo que prometes»
19. «El mucho estudio es fatiga de la carne»
20. «...la virgen concebirá, y dará a luz un hijo, y llamará su nombre Emanuel»
21. «Sabios para hacer el mal, pero hacer el bien no supieron»
22. «Jehová esta conmigo como poderoso gigante»
23. «¿Qué tiene que ver la paja con el trigo?»
24. «¿No aprenderéis a obedecer mis palabras?»
25. «Porque tu eres muy amado»
26. «¡Diga el débil, fuerte soy!»
27. «Prepárate para venir al encuentro de tu Dios»
28. «Buscadme y viviréis»
29. «Mía es la plata y mío es el oro»
30. «Entre los que nacen de mujer no se ha levantado otro mayor»
31. «No temas, cree solamente»
32. «Esta ha hecho lo que podía»
33. «Dadles vosotros de comer»
34. «Auméntanos la fe»
35. «No seas incrédulo, sino creyente»
36. «No tengo oro, ni plata, pero lo que tengo, te doy»
37. «Arrepentíos y convertíos para que sean borrados vuestros pecados»
38. «Veo los cielos abiertos y al hijo del hombre que esta a la diestra de Dios»

39. «Ve, porque instrumento escogido me es este»

40. «Es necesario que a través de muchas tribulaciones entremos en el reino de Dios»

41. «A Jesús conozco y sé quién es Pablo, pero vosotros, ¿quienes sois?»

42. «Ni plata, ni oro, ni vestido de nadie he codiciado»

43. «Estas manos me han servido»

44. «Mas nosotros tenemos la mente de Cristo»

45. «El tal sea entregado a satanás para la destrucción de la carne»

46. «Porque la letra mata, mas el Espíritu vivifica»

47. «Donde está el espíritu del Señor, allí hay libertad»

48. «Por fe andamos, no por vista»

49. «Porque el amor de Cristo nos constriñe»

50. «Nuestro corazón se ha ensanchado»

51. «No os unáis al yugo desigual con los incrédulos»

Respuestas: pp. 116-117

QUIÉN
hizo estas preguntas

1. «¿Dónde estas tú?»
2. «¿Qué es lo que has hecho?»
3. «¿Dónde está Abel, tu hermano?»
4. «¿Soy yo acaso guarda de mi hermano?»
5. «¿De dónde vienes tú y a dónde vas?»
6. «¿A hombre de cien años ha de nacer hijo?»
7. «¿Sara ya de noventa años, ha de concebir?»
8. «¿Hay para Dios alguna cosa difícil?»
9. «¿Destruirás también al justo con el impío?»
10. «¿Iras tú con este varón?»
11. »¿Por qué pues me has engañado?»
12. «¿Soy yo acaso Dios que te impidió el fruto de tu vientre?»
13. «¿Cómo pues haría yo este mal y pecaría contra Dios?»
14. «¿Acaso hallaremos otro hombre como este, en quien esté el Espíritu de Dios?»
15. «¿Vive aún vuestro padre?»
16. «¿Qué es eso que tienes en tu mano?»
17. «¿Quién dio la boca al hombre?»
18. «¿Acaso se ha acortado la mano de Jehová?»

19. «¿Cómo dices: Yo te amo, cuando tu corazón no está conmigo?»

20. «¿El joven Absalón está bien?»

21. «¿Dónde está Jehová, el Dios de Elías?»

22. «¿Será el hombre más justo que Dios?»

23. «¿Cómo se justificará el hombre con Dios?»

24. «¿Andará el hombre sobre brasas sin que sus pies se quemen?»

25. «¿Quién podrá enderezar lo que él torció?»

26. «¿No hay bálsamo en Galaad?»

27. «¿Mudará el etíope su piel?»

28. «¿No aprenderéis a obedecer mis palabras?»

29. «¿Robará el hombre a Dios?»

30. «¿Qué bien haré para tener vida eterna?»

31. «¿De quién es esta imagen y la inscripción?»

32. «¿Qué pues haré de Jesús, llamado el Cristo?»

33. «¿No has podido velar una hora?»

34. «¿Quién, pues, será este niño?»

35. «¿Eres tú el que había de venir o esperaremos a otro?»

36. «¿Dónde quieres que la preparemos?»

37. «¿De Nazaret puede salir algo bueno?»

38. «¿Cómo puede un hombre nacer siendo viejo?»

39. «¿No será éste el Cristo?»

40. «¿Cómo sabe éste letras, sin haber estudiado?»

41. «¿Hasta cuándo nos turbarás el alma?»

42. «¿Qué quiere decir esto?»

43. «¿Entiendes lo que lees?»

44. «¿Qué impide que yo sea bautizado?»

45. «¿Por qué me persigues?»

46. «¿Qué quieres que yo haga?»

47. «¿Qué debo hacer para ser salvo?»

48. «¿Qué querrá decir este palabrero?»

49. »¿Quién conoció la mente del Señor?»

50. «¿No sabéis que sois templo de Dios, y que el Espíritu de Dios mora en vosotros?»

51. «¿A caso alguna fuente echa por una misma abertura agua dulce y amarga?»

52. «¿Está alguno entre vosotros afligido?»

Respuestas: pp. 118-119

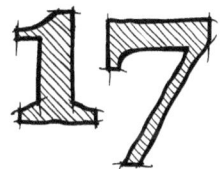 **PRIMEROS** *en la Biblia*

1. Libro de los principios de la Biblia.
2. Los primeros metales que menciona la Biblia.
3. El primer jardinero en el mundo.
4. La primera cirugía sin dolor y sin anestesia.
5. Fue la primera mujer, esposa y madre.
6. La primera costurera en el mundo.
7. El primer rico que menciona la Biblia.
8. El primer diseñador de ropa.
9. ¿Quién fue el primer asesino?
10. El primer hijo de Caín.
11. El primer polígamo en la Biblia.
12. ¿Quién fue el primer músico?
13. Los primeros instrumentos musicales que menciona la Biblia.
14. El primer artífice de hierro y bronce.
15. Fue el primero en salir del arca.
16. El primer altar mencionado en la Biblia.
17. El primer bebedor de vino en la tierra.
18. El primer hombre poderoso en la tierra.
19. ¿Cuándo se mencionan por primera vez vacas, asnos y camellos?

20. El primer hijo de Abraham.

21. Fue el primer hijo de Jacob.

22. ¿Quién fue el primer hijo de Judá?

23. Fue la primera fiesta de cumpleaños.

24. Fue el primer embalsamado en la Biblia.

25. Fue el primer sacerdote mencionado en la Biblia.

26. La primera profetiza en Israel.

27. Fue la primera poetiza en Israel.

28. ¿Cuál fue el nombre que Josué tuvo primero

29. ¿Quién fue el primer hijo de José?

30. El primer rey en Israel.

31. ¿Quién era el primogénito de Isaí de Belén?

32. La primera esposa de David.

33. ¿Quién fue el primer hijo de David?

34. Fue la primera carta en la Biblia.

35. ¿Cómo se llamó la primera hija de Job?

36. ¿Quién fue el primer hijo de Oseas y Gomer?

37. ¿Quién es el primer misionero que menciona la Biblia?

38. La primera mujer en reconocer a Jesús como el Mesías.

39. ¿Cuál fue el nombre que Mateo tuvo primero?

40. El primer milagro en el ministerio de Jesús.

41. Los primeros discípulos de Jesús.

42. La primera mujer que vio a Jesús resucitado.

43. El primer sucesor en la iglesia primitiva.

44. La primera sanidad registrada en Hechos.

45. Fueron los primeros diáconos.

46. El primer mártir cristiano.

47. La primera ciudad gentil donde se predicó el evangelio.

48. El primer convertido romano.

49. ¿En qué lugar se les llamó por primera vez cristianos a los hermanos?

50. Fue la primera convertida en Europa.

Respuestas: pp. 120-121

NÚMEROS
en la Biblia

1. ¿Cuántos libros tiene la Biblia?
2. ¿Cuántos libros tiene el Antiguo y el Nuevo Testamento?
3. ¿Cuál es el salmo mas largo?
4. ¿Cuál es el salmo mas corto?
5. ¿Cuántos capítulos tiene el libro de Abdías?
6. ¿Qué día de la creación Dios señaló como un día de reposo?
7. ¿Cuántas veces seria castigado el que matara a Caín?
8. ¿Cuántos años vivió Enoc y desapareció?
9. ¿Cuántos años vivió Matusalén?
10. ¿Cuántos años Dios dijo que podrá vivir un hombre después del diluvio?
11. ¿Cuántos días y noches duró el diluvio sobre la tierra?
12. ¿Cuánto duraron las aguas del diluvio sobre la tierra?
13. ¿Cuántos años tenía Abram cuando salió de Harán?
14. ¿Cuántos años dijo Dios a Abraham que su descendencia sería oprimida en tierra ajena?
15. ¿Cuántos años sirvió

Jacob por Lea y Raquel?

16. ¿Cuántos años trabajó Jacob por sus esposas y ganado?

17. ¿Por cuántos años de matrimonio fue estéril Rebeca?

18. ¿Cuántos hijos varones tuvo Israel?

19. ¿Por cuánto dinero vendieron a José?

20. ¿Cuántos años tenia José cuando fue presentado a faraón?

21. ¿Cuántos años vivió Jacob en la tierra de Egipto?

22. ¿Cuántos días lloraron los egipcios a Jacob?

23. ¿Cuántos años estuvo el pueblo de Israel en Egipto?

24. ¿Cuántas fuentes de agua había en Elim, donde acamparon los israelitas?

25. ¿Por cuánto tiempo comió Israel maná en el desierto?

26. ¿Cuántos días y noches estuvo Moisés en el monte Sinaí?

27. ¿Cuántos ancianos llevaron con Moisés la carga del pueblo?

28. ¿Cuántas veces dijo Dios, los israelitas lo tentaron en el desierto?

29. ¿Cuántos años andarían los israelitas en el desierto por su rebeldía y murmuración?

30. ¿Cuántas veces Moisés golpeó la roca en Horeb?

31. ¿Cuántos espías envió Josué a la tierra de Canaán?

32. ¿Cuántas vueltas dio el pueblo de Israel a Jericó cuando el muro se derrumbo?

33. ¿Cuántos ciclos de plata codició y tomó Acán?

34. ¿Cuántos años tenía Caleb cuando conquistó Hebrón?

35. ¿Con cuántos hombres derrotó Gedeón a los madianitas?

36. ¿A cuántos de sus hermanos mató Abimelec?

37. ¿Con cuántas zorras hizo Sansón una quemazón?

38. ¿Cuántos filisteos mató Sansón con una quijada de asna?

39. ¿Qué edad tuvo Eli cuando murieron sus hijos?

40. ¿Cuántos meses estuvo el arca de Dios con los filisteos?

41. ¿A cuántos hombres mató David para hacerse yerno del rey Saúl?

42. ¿Qué edad tenía Mefiboset cuando quedó cojo?

43. ¿Cuántos años tenia David cuando empezó a reinar?

44. ¿Cuántos dardos clavó Joab en el corazón de Absalón?

45. ¿Cuántos jóvenes escuderos terminaron con la vida de Absalón?

46. ¿Cuántos años hubo hambre en los días de David?

47. ¿Cuántos fueron los valientes de David?

48. ¿Cuántos cantares escribió Salomón?

49. ¿Cuántos proverbios escribió Salomón?

50. ¿Cuántas esposas tuvo Salomón?

51. ¿Cuántos profetas de Baal se reunieron en contra de Elías en el monte Carmelo?

52. ¿Cuántos osos mataron a cuarenta y dos muchachos por burlarse de Eliseo?

53. ¿Cuántas veces estornudó

el hijo de la Sunamita como señal de vida?

54. ¿Cuántas veces debía lavarse Naamán por su sanidad?

55. ¿Cuántos camellos cargados llevó Hazael a Eliseo como un presente?

56. ¿De qué edad era Joás cuando empezó a reinar?

57. ¿Cuántos años de vida le fueron añadidos a Ezequías?

58. ¿Cuántos grados retrocedió el reloj de Acaz?

59. ¿Cuántos años reinó Manasés en Judá?

60. ¿Cuántos hijos tuvo Aarón?

61. ¿Cuántos hijos e hijas tuvo Roboam?

62. ¿Cuántos años estuvo el pueblo de Israel en Babilonia?

63. ¿Cuántas provincias gobernó el rey Asuero?

64. ¿Cuántos hijos e hijas le nacieron a Job antes y después de su aflicción?

65. ¿Cuántos días y noches estuvieron sin hablar los amigos de Job?

66. ¿De cuantas maneras según el libro de Job, habla Dios al hombre pero éste no entiende?

67. ¿Cuántos años vivió Job después de su aflicción?

68. ¿Cuántas veces al día alababa a Dios el rey David?

69. ¿Cuántas cosas abomina Jehová según Proverbios capítulo 6?

70. ¿Cuántas veces cae el justo y vuelve a levantarse?

71. ¿Cuántos varones justos menciona Ezequiel cuando habla del juicio de Jerusalén?

72. ¿Cuántos varones echaron

al horno de fuego y cuantos veía Nabucodonosor?

73. ¿Cuánto tiempo se opuso el príncipe de Persia a la oración de Daniel?

74. ¿Cuánto le quedaba de vida a Nínive?

75. ¿Cuántas generaciones son desde Abraham hasta Cristo?

76. ¿Cuántas días y noches ayunó Jesús en el desierto?

77. ¿Cuántos hermanos varones tuvo Jesús?

78. ¿Cuántas veces debemos perdonar al día?

79. ¿Cuántas veces negó Pedro a Jesús?

80. ¿Cuántas monedas recibió Judas por su traición?

81. ¿Por cuánto tiempo se oscureció la tierra cuando murió Jesús?

82. ¿Cuántos hombres bajaron a un paralítico, haciendo una abertura en el techo?

83. ¿Cuántos años estuvo enferma la mujer de flujo de sangre?

84. ¿Cuántos años tenía la hija de Jairo?

85. ¿Por cuánto podría venderse el perfume con el que ungieron a Jesús?

86. ¿Cuántos meses se recluyó Elisabet en su casa después de haber concebido?

87. ¿Cuánto tiempo se quedó María en casa de Elisabet?

88. ¿Cuántos años tenía Jesús cuando se quedó en el templo con los doctores de la ley?

89. ¿Cuántos discípulos envió Jesús a predicar?

90. ¿Cuántas monedas

perdió la mujer de la parábola?

91. ¿Cuántos hermanos tenia el rico que pidió al Padre enviar a Lázaro para testificarles?

92. ¿De diez leprosos sanados, cuántos regresaron a dar gracias a Jesús?

93. ¿Cuántas minas recibieron los diez siervos de la parábola?

94. ¿Cuántas monedas ofrendó la viuda indigente?

95. ¿Cuántos años tardó Herodes en construir el templo de Jerusalén?

96. ¿Cuántos años tenia el paralitico de Betesda?

97. ¿Con cuántos panes y peces alimentó Jesús una multitud de cinco mil hombres?

98. ¿Cuántas cestas sobraron después que comiera una multitud de cinco mil hombres?

99. Los judíos dijeron a Jesús: Aun no tienes _____ años, y ¿has visto a Abraham?

100. ¿Cuántos peces capturó Pedro en su red por la palabra de Jesús?

101. ¿Cuántos se reunieron en el aposento alto en el día de pentecostés?

102. ¿Cuántas lenguas registró la Biblia se hablaron el día de pentecostés?

103. ¿Cuántos se convirtieron en el día de pentecostés con el sermón de Pedro?

104. ¿Cuánto tiempo estuvo ciego Saulo de Tarso cuando se convirtió?

105. ¿Cuántos años tenia el paralitico Eneas en cama?

106. ¿Cuántas veces vio Pedro la visión de animales en el lienzo?

107. ¿Cuántos hijos tenía

Esceva judío, el jefe de los sacerdotes?

108. ¿Cuál fue el precio total de los libros quemados por los que practicaban la magia en Éfeso?

109. ¿Cuántas hijas doncellas que profetizaban tenía Felipe el evangelista?

110. ¿Cuántos hombres juraron bajo maldición no comer ni beber hasta dar muerte a Pablo?

111. ¿Cuántos eran en la nave con Pablo cuando naufragaron camino a Roma?

112. ¿Cuántas personas se salvaron en el arca de Noé?

113. ¿Cuántos ancianos, sentados en los tronos, vestidos de ropa blanca con coronas de oro vio Juan?

114. ¿Qué número era la marca de la bestia?

Respuestas: pp. 122-124

Preguntas sobre la NAVIDAD

1. ¿Cuál sería la señal del nacimiento de Jesús?
2. ¿Quién profetizó de quién nacería el Mesías y quién acerca de dónde nacería éste?
3. ¿Qué profecía se cumplió con la muerte de los niños que mandó matar Herodes?
4. ¿Qué es un pesebre?
5. ¿Quiénes eran los magos?
6. ¿De cuál de los hijos de Jacob es descendiente el Mesías?
7. ¿Qué pensó José cuando supo que María había concebido del Espíritu Santo?
8. ¿Qué le hizo cambiar de pensamiento cuando pensó dejar a María?
9. ¿Que significa el nombre Jesús?
10. ¿Cómo es traducido el nombre Emanuel?
11. ¿En qué tiempo nació Jesús?
12. ¿Quiénes vieron la estrella en el oriente?
13. ¿Por qué se turbó Herodes y toda Jerusalén con él?
14. ¿Qué guio a los magos?
15. ¿Qué presentes ofrecieron los magos a Jesús?

16. ¿Dónde encontraron los magos a Jesús?

17. ¿Por qué huyo José a Egipto con su esposa y el niño Jesús?

18. ¿Qué hizo Herodes cuando se vio burlado por los magos?

19. ¿Cuándo volvió José con María y el niño a Israel?

20. ¿A dónde se fue José, avisado por revelación en sueños?

21. ¿En qué ciudad habitó Jesús, razón por la que fue llamado Nazareno?

22. ¿Cuál es el nombre del ángel de la anunciación?

23. ¿Qué edad tenía Juan el Bautista cuando nació Jesús?

24. ¿Qué le dijo el ángel a María que sería el niño?

25. ¿Qué respondió María al ángel cuando le dio el anuncio?

26. ¿Cómo demostró María su humildad y su sometimiento a la voluntad de Dios?

27. ¿Cómo dijo María que le dirían todas las generaciones?

28. ¿Cómo llama Zacarías al niño Juan en su profecía?

29. ¿Dónde estuvo Juan hasta el día de su manifestación a Israel?

30. ¿Por qué viajaron José y María a Belén?

31. ¿Por qué María acostó a su hijo en un pesebre?

32. ¿Cuántos ángeles habla-ron a los pastores?

33. ¿Para quién serviría de señal ver al niño envuelto en pañales y acostado en un pesebre?

34. ¿Qué decían los ángeles en su alabanza?

35. ¿Qué hicieron José y María en conformidad a la ley de Moisés en Lucas 2?

36. ¿Según la ley, cómo es llamado todo el que abriere la matriz?

Respuestas: pp. 125-126

Preguntas sobre el
AMOR

1. ¿Quién le pidió a su amigo su hijo como ofrenda?
2. ¿Quién para Isaac fue su único amor?
3. ¿Quién se enamoró de una mujer desde que la vio?
4. ¿Por qué a Jacob le parecieron pocos los 7 años de servicio por Raquel?
5. ¿Cuál es el nombre del amigo de Judá?
6. ¿Qué mujer dijo: Como dices: Yo te amo, cuando tu corazón no esta conmigo?
7. ¿Quién amó mucho a su suegra?
8. ¿Quién amó a su amigo como a sí mismo?
9. ¿Quién escribió un poema para su amigo en su muerte?
10. ¿Quién fue el falso y necio amigo de Amnón?
11. Perdonó la vida del hijo de su amigo.
12. ¿Quién era Azarías, hijo de Natán en el reino de Salomón?
13. ¿A quién se le llama amigo de la agricultura?
14. ¿Quién amó a Dios a pesar de perderlo todo?
15. ¿Quiénes fueron los amigos de Job?
16. ¿Qué dice Job de sus amigos?

17. ¿Por quiénes oró Job y fueron sanados?

18. ¿A quién es odioso el pobre?

19. ¿Cómo es el amigo y en qué tiempo ama?

20. ¿Qué es lo que traen las muchas riquezas?

21. ¿Cuál es uno de los consejos que da el sabio con respecto a los amigos?

22. ¿Qué es el amor según Salomón en Cantares?

23. ¿A quién se refiere Dios al decir: Descendencia de Abraham mi amigo.

24. ¿Quiénes eran los amigos de Daniel en Babilonia?

25. ¿A quién le dijo un ángel: Eres muy amado?

26. ¿Qué dice Miqueas del amigo, del príncipe y de la que duerme contigo?

27. ¿Qué le dijo el rey de la parábola al que no estaba vestido de boda?

28. ¿Cuál es el segundo mandamiento de la ley de Dios?

29. ¿Cómo le dice Jesús a Judas cuando lo entregó?

30. ¿Cuándo fue que Jesús lloró?

31. ¿Quiénes dijeron de Jesús: Mirad como lo amaba?

32. ¿Cuántas veces le preguntó Jesús a Pedro si lo amaba?

33. ¿Cómo debe ser el verdadero amor?

34. ¿Qué es más importante que los dones espirituales?

35. ¿En que palabra se cumple toda la ley?

36. ¿Con qué se compara el amor del esposo cristiano con su mujer?

37. ¿Cuál es la ley real?

38. Amó tanto a su esposo que le llamaba *señor*.

39. ¿Se puede amar al hermano y a la vez tenerle antipatía?

40. ¿Por qué el que no ama no conoce a Dios?

41. ¿Por qué amamos a Dios?

42. ¿Qué había dejado la iglesia de Éfeso?

Respuestas: pp. 127-128

Preguntas
FÁCILES

1. Una serpiente fea la engañó y a Dios desobedeció.

2. Un arca construyó, muchos animalitos allí metió, ¿cómo se llamó?

3. *Chirrín, chirrín*, golpeó y pegó y un arca construyó porque Dios se lo mandó.

4. Fue y volvió, una hojita del olivo encontró y en su pico la llevó.

5. Alto y alto creció, pero a Dios no le agradó y el lenguaje de todos cambió.

6. ¡Pobre creatura!, por una comida vendió su primogenitura.

7. A un niño bueno y obediente su papá mucho lo amó, y una túnica de colores le regaló.

8. Lloró y lloró, en el rio se paseó, una princesa lo encontró y al palacio lo llevó.

9. Una burrita le habló porque al ángel él no vio y por eso le pegó.

10. Vueltas y vueltas le dio y un muro se derrumbó.

11. Fue fuerte, muy fuerte, a muchos mató pero se descuidó y sin fuerza se quedó.

12. Eran lisas, y las tomó del arroyo, pero sólo una usó, las otras no las necesitó.

13. Ovejitas y corderitos cuidaba, y por defenderlos, al león y al oso mataba.

14. La piedra de su honda dio en la frente y lo mató.

15. «Habla, que tu siervo oye» el niñito contesto cuando Dios tres veces le habló, por su nombre lo llamó.

16. Aletearon y aletearon cuando pan y carne al profeta le llevaron.

17. Lo buscaron y no se halló, porque un torbellino se lo llevó.

18. Dios pide mi corazón, ¿para qué lo quiere si está sucio como carbón?

19. En un foso los malos lo metieron pero los leones no se lo comieron.

20. El gallo cantó cuando a Cristo negó.

21. Bebe nació, como hombre vivió, en una cruz murió y salvación nos dio.

22. Rugía con toda su furia, amenazaba de muerte, Jesús le dijo: Calla, enmudece.

23. Lejos del pastor me fui, pero él me encontró y al redil volví.

24. Era chaparrito, y cuando Jesús pasó, a un árbol sicómoro se subió.

25. Muchos vestidos les hacía, por eso la gente mucho la quería.

26. Cantaron y cantaron, y al carcelero y a su familia para Cristo ganaron.

27. Un sabio se volvió porque de niño la Biblia aprendió, le enseñaron su abuela y

su madre, pues con ellas creció.

28. Llovió y llovió; un diluvio se volvió y casi a todos destruyó.

Respuestas: p. 129

 **CURIOSIDADES**
en la Biblia

1. ¿Qué mujer nunca fue niña, ni hija, ni soltera?
2. ¿Con qué escribió Dios las tablas de la ley?
3. ¿De quién dice Dios que no podrían asistir a funerales; ni aun de su padre, o madre, o hijos?
4. Fue el hombre más manso de toda la tierra.
5. ¿Cómo llamaron los amonitas a los gigantes?
6. ¿Qué rey tenia una cama que media 9 codos de largo y 4 codos de ancho (4×1.8 m).
7. ¿Quiénes usaron vestidos siempre nuevos, que nunca envejecieron ni se desgastaron?
8. El pueblo gritó, la bocina tocó y el muro se derrumbó.
9. ¿De quién dice la Biblia que fue un hombre grande entre los anaceos?
10. ¿Cómo se llamaban las ciudades en donde se acogía el homicida que mataba por accidente?
11. ¿Qué rey tenia obesidad mórbida?
12. ¿Quién ganó una batalla con trompetas, cántaros y téas encendidas como arpas?
13. ¿Qué hombre tuvo 70 hijos?
14. ¿Cómo subió al cielo el

ángel de Jehová que habló a Manoa y su mujer?

15. ¿A qué niño le dieron nombre las vecinas?

16. ¿Quién con su arpa apaciguaba a un demonio?

17. ¿Qué rey fue decapitado, incinerado y sepultado?

18. ¿Quién llevó la orden de su propia sentencia de muerte en una carta?

19. ¿Quién fue un corredor que hubiera ganado hoy en los juegos olímpicos?

20. ¿Qué gigante llevaba una lanza que pesaba 300 ciclos de bronce?

21. Tenía 24 dedos, 12 en los manos y 12 en los pies.

22. De él se dice que es el dulce cantor de Israel.

23. ¿Qué mujer pintó los ojos y se arregló el cabello minutos antes de morir?

24. Profeta cuyos huesos el cuerpo muerto de un soldado tocó, y al tocarlos, el soldado revivió y se levantó.

25. ¿Qué fruta fue como una medicina milagrosa?

26. ¿Qué rey quitó a los sacerdotes que practicaban la astrología y se guiaban por el horóscopo?

27. ¿Qué rey hizo maquinas de ingeniería en Jerusalén?

28. ¿Qué palabra nunca se menciona en el libro de Ester?

29. ¿Cuál es el versículo más largo en la Biblia?

30. ¿Cómo eran los correos en Persia y Media?

31. ¿Qué salmo menciona los años de vida del hombre?

32. ¿Quiénes usaron una ropa resistente al fuego?

33. ¿Quién vio los dedos de una mano escribir en una pared?

34. De quién dice que su gloria volará cual ave, de modo que no habrá nacimientos, ni embarazos, ni concepciones.

35. Dijo Jesús que los creyentes somos ella.

36. ¿Quién encontró una moneda en la boca de un pez?

37. ¿Cuál es el versículo más pequeño de la Biblia?

38. ¿En qué idiomas estaba escrito el titulo que decía: Jesús nazareno, Rey de los judíos?

39. ¿Cuántos años son para Dios como un día?

Respuestas: pp. 130-131

23 GENERALES
Preguntas

1. Diga los cuatro brazos del rio que estuvo en el Edén.
2. ¿Qué significa el nombre *Judá*?
3. ¿Dónde hizo Jacob un voto a Jehová?
4. ¿Dónde peleó Jacob con un ángel?
5. ¿Quién es el padre de los edomitas?
6. ¿Dónde nacieron Efraín y Manases, los hijos de José?
7. ¿Por qué el pueblo de Israel no escuchaba a Moisés en Egipto?
8. ¿Dónde nació Jocabed, hija de Levi?
9. ¿Dónde enterraron los huesos de José?
10. ¿De donde era la familia de Nohemí?
11. ¿Quiénes eran los tres hijos de Sarvia?
12. ¿Qué ríos en Damasco dijo Naamán que estaban mejor que el Jordán?
13. ¿Cómo llamó Ezequías a la serpiente de bronce?
14. ¿Qué cosas nunca se sacian según Eclesiastés?
15. ¿Por qué se cae el techo y se llueve la casa según el sabio?
16. ¿Qué rey persa se casó con una mujer judía?
17. ¿Cuál es el fruto del justo?

18. ¿Qué es la vejez según el libro de Proverbios?

19. ¿Qué es lo que está en el poder de la lengua?

20. ¿Cuándo hay que poner cuchillo a la garganta?

21. ¿Qué sucede con el que sigue a los ociosos?

22. ¿Qué cuatro cosas nunca se sacian?

23. ¿A qué rey pagano Dios llama *mi siervo*?

24. ¿Dónde metieron a Jeremías?

25. Según Jeremías, ¿por qué causa no hemos sido consumidos?

26. ¿Qué dice Amós de Israel como ejemplo de la explotación del pobre?

27. ¿Cómo llamaban a Jesús por el lugar donde vivía?

28. Los dos oyeron, los dos edificaron, uno cayó y el otro no, ¿cómo Jesús los llamó?

29. ¿Qué dijo Jesús de nuestros cabellos?

30. ¿Cuándo dijo Jesús: Cuanto más vale un hombre que una oveja?

31. ¿Qué señal dio Judas para que prendiesen a Jesús?

32. ¿Dónde residía Jesús?

33. ¿A quién Jesús llamó *hijos del trueno*?

34. ¿De qué debían regocijarse los discípulos?

35. ¿De qué hombres Jesús repite sus nombres dos veces en la misma frase?

36. ¿Cómo se traduce la palabra «*Rabí*»?

37. Diga algunos elementos que son tipo del Espíritu Santo.

38. Mencione algunas cosas Jesús dijo que Él es (Yo soy...).

39. ¿Dónde seríamos testigos al recibir el

poder del Espíritu Santo?

40. ¿De dónde era el cojo de nacimiento por el cual Pablo oró y sanó?

41. ¿En dónde Pablo y Silas cantaban y los presos oían?

42. ¿En dónde había un altar al *Dios no conocido*?

43. ¿Dónde Pablo hizo voto y se rapó la cabeza?

44. ¿Quién era Gamaliel?

45. ¿Qué dijo Dios acerca de la venganza?

46. ¿En dónde dice que el justo por la fe vivirá?

47. ¿Qué es el fruto del Espíritu?

48. ¿Qué dice Pablo que trae en su cuerpo y que por ello pide que no le causen molestias?

49. ¿Qué dijo Pablo de Onésimo que fue en otro tiempo?

50. ¿A qué es semejante el que duda?

51. ¿Dónde recibió Juan la revelación de Apocalipsis?

52. Diga los nombres de las siete iglesias de Asia.

53. ¿Qué no sabe aquel que dice que es rico y que de ninguna cosa tiene necesidad?

Respuestas: pp. 132-134

RESPUESTAS

1. Animales en la Biblia

1. La serpiente (Gn. 3:4)
2. De pieles de animales (Gn. 3:21)
3. En el camello (Gn. 24:64)
4. De cabrito (Gn. 27:16)
5. Asnos (Gn. 45:23)
6. Las ranas (Ex. 8:6)
7. La de las ranas (Ex. 8:14)
8. Los caballos (Ex. 14:28)
9. Criaba gusanos y hedía (Ex. 16:20)
10. Una asna (Nm. 22:27-28)
11. Un panal de miel (Jue. 14:8)
12. Zorras (Jue. 15:4-5)
13. Una quijada de asno (Jue. 15:15)
14. Los asnos (1 S. 10:2)
15. A osos y a leones (1 S. 17:34)
16. Con una gacela del campo (2 S. 2:18)
17. Un mulo (2 S. 18:9)
18. De fieras del campo y aves (2 S. 21:8, 10)
19. Un león (2 S. 23:20)
20. Bueyes, ovejas, ciervos, gacelas, corzos y aves (1 R. 4:22-23)
21. Los cuervos (1 R. 17:6)
22. Bueyes (1 R. 18:23-25)
23. Dos osos (2 R. 2:23-24)
24. Los perros a Jezabel (2 R. 9:34-36)
25. El ciervo (Sal. 42:1)
26. Al león y al áspid (Sal. 91:13)
27. La hormiga (Pr. 6:6)
28. Hormigas, conejos, langostas arañas (Pr. 30:24-28)
29. Los conejos (Pr. 30:26)
30. Las arañas (Pr. 30:28)

31. Un león (Pr. 30:30)
32. El perro (Ecl. 9:4)
33. Las moscas muertas (Ecl. 10:1)
34. Las zorras pequeñas (Cnt. 2:15)
35. El buey y el asno (Is. 1:3)
36. El leopardo (Jer. 13:23)
37. Los leones (Dn. 6:22)
38. Un gran pez (Jon. 1:17)
39. Las ovejas y las vacas (Hab. 3:17, 18)
40. Langostas y miel silvestre (Mt. 3:4)
41. De pelo de camello (Mt. 3:4)
42. Ovejas en medio de lobos (Mt. 10:16)
43. Un pez (Mt. 17:27)
44. Tomar serpientes en las manos (Mc. 16:18)
45. Una oveja (Lc. 15:4)
46. Los cerdos (Lc. 8:33)
47. Serpientes y escorpiones (Lc. 10:19)
48. Una zorra (Lc. 13:32)
49. Los cerdos (Lc. 15:15)
50. Un cabrito (Lc. 15:29)
51. Los perros (Lc. 16:20, 21)
52. He aquí el Cordero de Dios (Jn. 1:29, 36)
53. La oveja (Jn. 10:1-5, 11-16; Sal. 23)
54. Toda clase de cuadrúpedos, reptiles y aves (Hch. 10:11-12)
55. Los gusanos (Hch. 12:23)
56. Una víbora (Hch. 28:3)
57. Al caballo (Stg. 3:3)
58. Bestias, aves, serpientes, peces (Stg. 3:7)
59. A un leopardo; sus pies como de oso; su boca de león (Ap. 13:2)

2. Aves en la Biblia

1. Adán (Gn. 2:19)
2. El cuervo (Gn. 8:7)
3. De las aves de rapiña (Gn. 15:11)
4. La paloma (Gn. 8:11)
5. Codornices (Nm. 11:31)
6. El águila (Dt. 32:11)
7. De aves del cielo y fieras (2 S. 21:10)
8. Los cuervos (1 R. 17:6, 7)
9. El gorrión y la golondrina (Sal. 84:3)
10. Como el águila (Sal. 103:5)
11. La tórtola, la grulla, la cigüeña y la golondrina (Jer. 8:7)
12. Su pelo como plumas de águila y sus uñas como las de las aves (Dn. 4:33)
13. El águila (Abd. 1:4)
14. Como paloma (Mt. 3:16)
15. Las aves (Mt. 6:26)
16. El gallo (Mt. 26:75)
17. Un par de tórtolas o dos palominos (Lc. 2:24)
18. Como gallina a sus polluelos (Lc. 13:34)
19. El gallo (Jn. 18:27)

3. Árboles en la Biblia

1. El árbol de la vida y el árbol de la ciencia del bien y del mal (Gn. 2:9)
2. El fruto del árbol de la ciencia del bien y del mal (Gn. 2:17)
3. La higuera (Gn. 3:7)
4. Un tamarisco (Gn. 21:33)
5. Una zarza (Ex. 3:2)
6. Un árbol (Ex. 15:25)
7. 70 palmeras (Ex. 15:27)
8. La granada (Ex. 28:33, 34)
9. Uvas, granadas e higos (Nm. 13:23)
10. A Jericó (Dt. 34:3)
11. Seguros debajo de su parra y debajo de su higuera (1 R. 4:25)
12. Con un enebro (1 R. 19:5)
13. Como la palmera y el cedro del Líbano (Sal. 92:12)
14. Como vid que lleva fruto (Sal. 128:3)
15. Sobre los sauces (Sal. 137:2)
16. Árbol de vida (Pr. 11:30)
17. Salomón (Ecl. 2:4-6)
18. Salomón (Ecl. 11:3)
19. Es la casa de Israel (Is. 5:7)
20. Como retama en el desierto (Jer. 17:5, 6)
21. La higuera, las vides, el olivo (Hab. 3:17, 18)
22. Los lirios del campo (Mt. 6:28, 29)
23. Por su fruto (Mt. 12:33)
24. La higuera (Mt. 21:19)
25. La semilla de mostaza (Mr. 4:31)
26. Como arboles que andaban (Mr. 8:23, 24)
27. Un árbol sicomoro (Lc. 19:4)

28. De una higuera (Jn. 1:48)
29. Son arboles otoñales, sin fruto, dos veces muertos y desarraigados (Jud. 12)
30. Palmas (Ap. 7:9)
31. Doce frutos (Ap. 22:2)
32. Para sanidad de las naciones (Ap. 22:2)

4. Objetos en la Biblia

1. Estatua de sal (Gn. 19:26)
2. Una piedra (Gn. 28:11, 18)
3. Una escalera (Gn. 28:12)
4. En la boca del costal de su hermano menor (Gn. 44:2)
5. Alhajas de plata y oro, vestidos (Ex. 3:22)
6. Una vara (Ex. 4:2)
7. Un pandero (Ex. 15:20)
8. La mesa (Ex. 25:30)
9. Un velo (Ex. 26:33)
10. Con los espejos de las mujeres (Ex. 38:8)
11. La vara de Aarón (Nm. 17:8)
12. En la ventana (Jos. 2:18)
13. Un manto babilónico, 200 ciclos de plata y un lingote de oro (Jos. 7:21)
14. En la guerra de Israel contra los amorreos (Jos. 10:11)
15. En Gabaón y el valle de Ajalón (Jos. 10:12)
16. Una estaca (Jue. 4:21)
17. El vellón de lana (Jue. 6:37-38)
18. Un panal (Jue. 14:8)
19. 30 mudas de vestidos (Jue. 14:19)
20. Una quijada de asno (Jue. 15:15)
21. Se quitaba un zapato y lo daba a su compañero (Rt. 4:7)
22. Una espada (1 S. 17:51)
23. Echó sal dentro de una vasija nueva (2 R. 2:20, 21)
24. Como la palma de una mano (1 R. 18:44)
25. Vestido de pelo de

camello con un cinturón de cuero en sus lomos (2 R. 1:8)
26. Con su manto (2 R. 2:8)
27. El manto de Elías (2 R. 2:13, 14)
28. Cama, mesa, silla y candelero (2 R. 4:10)
29. En canastas (2 R. 10:7)
30. El reloj de Acaz (2 R. 20:9-11)
31. Como un rodillo de telar (1 Cr. 20:5)
32. El pabellón (Est. 1:6)
33. La corona real (Est. 2:17)
34. Cilicio y ceniza (Est. 4:3)
35. El anillo (Est. 8:2)
36. La vara y el cayado del pastor (Sal. 23:4)
37. Sus arpas (Sal. 137:1-4)
38. El cordón (Ecl. 4:12)
39. El yugo (Is. 10:27)
40. Un cinto, lo encontró podrido (Jer. 13:4-7)
41. Como fuego y martillo que quiebra la piedra (Jer. 23:29)
42. Tazas y copas llenos de vino (Jer. 35:5)
43. No edificaban casas ni tenían viñas ni heredad ni sementera (Jer. 35:7-9)
44. Un rollo de la palabra de Dios (Jer. 36:23, 28)
45. Los huesos (Ez. 37:1-2)
46. Incienso, oro y mirra (Mt. 2:9-11)
47. Mirra (Mt. 2:11)
48. La sal (Mt. 5:13)
49. La lámpara del cuerpo (Mt. 6:22)
50. Nuestros cabellos (Mt. 10:30)
51. Dar un vaso de agua fría a sus pequeñitos (Mt. 10:42)
52. Su yugo (Mt. 11:29-30)
53. 12 cestas llenas de pedazos pan (Jn. 6:13)
54. Sus lámparas (Mt. 25:8)

55. Una corona de espinos (Mt. 27:29)
56. El velo del templo (Mr. 15:38)
57. Una sábana (Mr. 14:51, 52)
58. En una tablilla (Lc. 1:63)
59. La cruz (Lc. 9:23)
60. La dracma perdida (Lc. 15:8)
61. Vestido, anillo y calzado (Lc. 15:22)
62. El grano de mostaza (Lc. 17:6)
63. La tumba de Jesús (Lc. 24:2, 3, 6)
64. Tinajas de piedra (Jn. 2:6-10)
65. Un cántaro (Jn. 4:28)
66. Se ciño con una toalla y les lavó los pies (Jn. 13:4, 5)
67. Una toalla (Jn. 13:5)
68. Vinagre en una esponja (Jn. 19:28, 29)
69. Con una lanza (Jn. 19:34)
70. Los discípulos lo descolgaron en una canasta por un muro (Hch. 9:22-25)
71. Un lienzo (Hch. 10:11, 12)
72. Sus paños o delantales (Hch. 19:11, 12)
73. A una espada de dos filos (He. 4:12)
74. Un capote, libros y pergaminos (2 Ti. 4:13)
75. Un freno (Stg. 3:3)

5. ALIMENTOS Y CONDIMENTOS

1. Bálsamo, miel, aromas, mirra, nueces y almendras (Gn. 43:11)
2. En la plaga de la sangre (Ex. 7:18, 24)
3. Como hojuelas con miel (Ex. 16:31)
4. Como semilla de culantro blanco (Ex. 16:31)
5. La granada (Ex. 28:33, 34)
6. Pescado, pepinos, melones, puerros, cebollas y ajo (Nm. 11:5)
7. Leche (Jue. 4:19)
8. Su pan y su carne (1 S. 25:11)
9. Tamar (2 S. 13:8)
10. El aceite y la harina (1 R. 17:14, 15)
11. Vasijas de aceite (2 R. 4:6)
12. Dio a cada uno una torta de pan, una pieza de carne y una torta de pasas (1 Cr. 16:3)
13. Mirra, aloe, nardo canela, azafrán y caña aromática (Cnt. 4:14)
14. ¿Dónde está el trigo y el vino? (Lm. 2:11)
15. De vino (Jer. 35:6)
16. Una torta de pan (Jer. 37:21)
17. Legumbres (Dn. 1:16)
18. De Efraín (Os. 7:8)
19. Higos silvestres (Am. 7:14)
20. Como grano en una criba (Am. 9:9)
21. Langostas y miel silvestre (Mt. 3:4)
22. La sal (Mt. 5:13)
23. La menta, el eneldo y el comino (Mt. 23:23)

24. La levadura (Lc. 13:21)
25. De las algarrobas que comían los cerdos (Lc. 15:16)
26. Trigo (Lc. 22:31)
27. Pescado asado, pan y miel (Jn. 21:13; Lc. 24:42)
28. El agua se convirtió en vino (Jn. 2:9, 10)

6. Mujeres en la Biblia

1. A Eva (Gn. 2:23; 5:2)
2. Ada (Gn. 4:20, 21)
3. De Sara (Gn. 12:14)
4. Egipcia (Gn. 16:1)
5. Agar (Gn. 16:4)
6. Debora (Gn. 35:8)
7. Rebeca (Gn. 25:21)
8. Lea (Gn. 29:26)
9. Raquel (Gn. 31:34)
10. Dina (Gn. 35:22; 30:21)
11. Tamar (Gn. 38:26, 27)
12. La esposa de Potifar (Gn. 39:20)
13. Sipra y Fua (Ex. 1:15)
14. María (Ex. 2:4)
15. La hija de faraón (Ex. 2:5, 6)
16. Jocabed (Ex. 2:7, 8)
17. Elizabet (Ex. 6:23)
18. María (Nm. 12:1, 10)
19. Maala, Noa, Hogla, Milca y Tirsa (Nm. 27:1)
20. Las hijas de Zelofehad (Nm. 27:4)
21. Rahab (Jos. 2:18, 21)
22. Acsa (Jos. 15:19)
23. Rahab (Mt. 1:5)
24. Debora (Jue. 4:5)
25. Jael (Jue. 4:21)
26. A Jael (Jue. 5:24)
27. La mujer de Tebes (Jue. 9:53)
28. Dalila (Jue. 16:17)
29. Noemí, Rut y Orfa (Rt. 1:10, 14)
30. Orfa (Rt. 1:15)
31. Penina (1 S. 1:2, 6)
32. Ana (1 S. 1:10-11)
33. Las mujeres que cantaban de David cuando volvió de matar los filisteos (1 S. 18:6)
34. Mical (1 S. 19:12)
35. Abigail (1 S. 25:25)
36. Abigail (1 S. 25:26)
37. Abigail (1 S. 25:18)
38. La adivina de Endor

(1 S. 28:7, 11)
39. La adivina de Endor (1 S. 28:24-25)
40. A Mical (2 S. 6:23)
41. Betsabe (2 S. 11:2-4)
42. La mujer de Abel (2 S. 20:18-22)
43. Abizag (1 R. 1:3, 4)
44. La reina de Saba (1 R. 10:6, 7)
45. Jezabel (1 R. 16:31)
46. La viuda de Sarepta (1 R. 17:12-13)
47. Jezabel (1 R. 21:25)
48. La sunamita (2 R. 4:10)
49. La sierva de la esposa de Naamán (2 R. 5:3)
50. Jozaba (2 R. 11:2)
51. A Cetura (1 Cr. 1:32)
52. La reina de Saba (2 Cr. 9:4)
53. Atalia (2 Cr. 22:10)
54. Vasti (Est. 1:12)
55. Hadaza (Est. 2:7)
56. A Ester (Est. 2:7)
57. Zeres (Est. 5:14)
58. Zeres (Est. 6:13)
59. Zeres (Est. 6:13)
60. Ester (Est. 8:6)
61. La mujer de Job (Job 2:9)
62. Con la mujer de su juventud (Pr. 5:18)
63. La mujer sabia y la mujer necia (Pr. 14:1)
64. La mujer virtuosa (Pr. 31:10)
65. Cual la madre, tal hija (Ez. 16:44)
66. A la suegra de Pedro (Mt. 8:14, 15)
67. De Herodias (Mt. 14:3)
68. A la mujer identificada como griega y sirofeniza de nación (Mr. 7:26)
69. A Ana (Lc. 2:36-38)
70. Maria Magdalena (Lc. 8:2)
71. Juana (Lc. 8:3)
72. María y Marta (Lc. 10:38)
73. Marta (Lc. 10:41)
74. María (Lc. 10:39)
75. De María (Lc. 10:42)

76. A la Samaritana (Jn. 4:25, 26)
77. Mujer de Samaria (Jn. 4:28)
78. María de Betania (Jn. 12:3)
79. Reyna de los etíopes (Hch. 8:27)
80. María, la madre de Marcos (Hch. 12:12)
81. A Rode (Hch. 12:15)
82. Lidia de Tiatira (Hch. 16:14)
83. A Febe (Ro. 16:1)
84. Febe (Ro. 16:1)
85. Ropa decorosa con pudor y modestia, un espíritu afable y apacible (1 Ti. 2:9, 10)
86. Por la conducta de sus esposas, conducta casta y respetuosa (1 P. 3:1-2)

7. Madres en la Biblia

1. Eva (Gn. 4:8)
2. Ada (Gn. 4:20, 21)
3. Zila (Gn. 4:22)
4. Eva (Gn. 4:25)
5. Rebeca (Gn. 25:23)
6. Rebeca (Gn. 25:28)
7. Rebeca (Gn. 27:8-10)
8. Rebeca (Gn. 27:13)
9. Lea (Gn. 29:35)
10. Lea (Gn. 30:21)
11. Raquel (Gn. 30:23, 24; 35:18)
12. Jocabed (Éx. 2:7, 8)
13. Selomit (Lv. 24:11)
14. Jocabed (Nm. 26:59)
15. Ana (1 S. 1:20)
16. Ana (1 S. 2:19)
17. Ahinoam jezreelita (2 S. 3:2)
18. Abigail (2 S. 3:3; 1 Cr. 3:1)
19. Sarvia (2 S. 8:16)
20. Betsabé (2 S. 12:24)
21. Jezabel y Atalía (1 R. 21:25; 2 Cr. 22:3)
22. Rahab (Mt. 1:5)
23. Azuba, hija de Silhi (1 R. 22:42)
24. Jezabel (2 R. 9:22)
25. Hepsiba (2 R. 21:1)
26. Atalía (2 Cr. 22:2-4)
27. Jecolías (2 Cr. 26:3)
28. Rut (Rut 4:17)
29. Hamutal, hija de Jeremías de Libna (Jer. 52:1)
30. Gomer (Os. 1:6)
31. Herodias (Mt. 14:8)
32. La madre de los hijos de Zebedeo (Mt. 20:21)
33. Elizabet y Juan el Bautista (Lc. 1:41)
34. María (Lc. 2:46)
35. Eunice (2 Ti. 4:5)
36. Jocabed (Heb. 11:23)

8. Viudas en la Biblia

1. Que se quedara viuda en la casa de su padre (Gn. 38:11)
2. Tamar (Gn. 38:11)
3. Tamar (Gn. 38:14-15)
4. Tamar (Gn. 38:27)
5. Abigail (1 S. 25:39)
6. Betsabe (2 S. 11:11)
7. Encerradas en viudas perpetuamente (2 S. 20:3)
8. Rizpa (2 S. 21:10)
9. De una viuda de la tribu de Neftali (1 R. 7:14)
10. La viuda de Sarepta (1 R. 17:10, 11)
11. La viuda del profeta (2 R. 4:1)
12. El aceite de la viuda (2 R. 4:5-6)
13. Noemí (Rt. 1:3)
14. Rut, Noemí y Orfa (Rt. 1:6, 7)
15. Orfa (Rt. 1:15)
16. Rut (Rt. 1:16)
17. Ana (Lc. 2:37)
18. La viuda de Nain (Lc. 7:13)
19. De la oración (Lc. 18:1-7)
20. A una viuda pobre (Lc. 21:2)
21. Zafira (Hch. 5:7-10)
22. Que las viudas griegas eran desatendidas en el alimento (Hch. 6:1)
23. Las viudas de Jope (Hch. 9:39)
24. De las viudas y de los pobres (Heh. 9:39)
25. A Timoteo (1 Ti. 5:3)
26. Visitar a las viudas y a los huérfanos en sus tribulaciones y guardarse sin mancha del mundo (Stg. 1:27)

9. PAREJAS EN LA BIBLIA

1. De una costilla de Adán (Gn. 2:22)
2. Adán y Eva (Gn. 4:25)
3. Dos de cada especie, macho y hembra (Gn. 6:19)
4. Noé (Gn. 7:1)
5. Abram y Sara (Gn. 12:2)
6. Abraham y Sarai (Gn. 12:11, 13)
7. Isaac y Rebeca (Gn. 25:21-24)
8. Raquel (Gn. 29:30)
9. Lea y Jacob (Gn. 29:35)
10. Raquel a Jacob (Gn. 30:1)
11. Con la hija de un cananeo llamado Sua (Gn. 38:2)
12. Asenat (Gn. 41:45)
13. Sefora a Moisés (Ex. 4:25)
14. Nadab, Abiu, Eleazar e Itamar (Ex. 6:23)
15. Gerson y Eliezer (Ex. 18:3-4)
16. Amram y Jocabed (Nm. 26:59)
17. Acza (Jue. 1:13)
18. De Lapidot (Jue. 4:4)
19. De Heber ceneo (Jue. 4:17)
20. Sansón y Dalila (Jue. 16:21)
21. Noemí y Abimelec (Rt. 1:3, 5)
22. Booz y Rut (Rt. 4:13, 17)
23. Penina (1 S. 1:2)
24. Merab, hija de Saúl (1 S. 18:19)
25. Mical y David (1 S. 19:13)
26. De Haguit y David (1 R. 1:5)
27. Acab y Jezabel (1 R. 21:25)

28. Hepsiba (2 R. 20:21; 21:1)
29. Su madre Hamutal (2 R. 24:18)
30. Salmon y Rahab (Mt. 1:5)
31. José y María (Mt. 2:13, 14)
32. Eran justos e irreprensibles delante de Dios (Lc. 1:5, 6)
33. Elizabet y Zacarías (Lc. 1:57, 63)
34. Ananias y Zafira (Hch. 5:2)
35. Priscila y Aquila (Rom. 16:3)
36. Aquila y Priscila (Hch. 18:26)
37. Drusila (Hech. 24:24)

10. Jóvenes en la Biblia

1. En dar lo mas excelente de los primogénitos de las ovejas (Gn. 4:4; He. 11:4)
2. Sem, Cam y Jafet (Gn. 9:18)
3. Un pendiente de oro y dos brazaletes (Gn. 24:22)
4. Esaú (Gn. 25:34)
5. Un plato de lentejas (Gn. 25:34)
6. Esaú (Gn. 26:34, 35)
7. Simeón y Leví (Gn. 34:25).
8. Siquem, hijo de Hamor (Gn. 34:19)
9. Dina (Gn. 34:25)
10. A José (Gn. 37:3)
11. A José (Gn. 37:19)
12. José (Gn. 39:6)
13. José (Gn. 39:10, 12)
14. Zafnat-panea (Gn. 41:45)
15. Efraín y Manases (Gn. 46:20)
16. A Otoniel (Jue. 1:12, 13)
17. La hija de Jefte (Jue. 11:37)
18. Sansón (Jue. 13:5)
19. Sansón (Jue. 16:3)
20. Sansón (Jue. 16:15)
21. Sansón (Jue. 16:20)
22. Mahlón y Quelión (Rt. 1:5)
23. Las vecinas (Rt. 4:17)
24. Ministraba a Jehová (1 S. 3:1)
25. A unas doncellas que iban por agua (1 S. 9:11)
26. Saúl (1 S. 10:23)
27. David (1 S. 16:18)
28. Jonatán (1 S. 18:3)
29. La hija mayor de Saúl (1 S. 18:17)
30. Mical (1 S. 18:20)

31. A 200 hombres (1 S. 18:27)
32. Jonadab (2 S. 13:3)
33. Amnón (2 S. 13:6-14)
34. De diversos colores (2 S. 13:18)
35. Colgado en una encina (2 S. 18:14)
36. Diez jóvenes (2 S. 18:15)
37. Quenanías (1 Cr. 15:27)
38. De Salomón (1 Cr. 29:1)
39. Roboam (2 Cr. 10:8)
40. De Roboam (2 Cr. 13:7)
41. Ester
42. Seis meses de óleos y mirra y seis meses de perfumes aromáticos y afeites (Est. 2:12)
43. Parsandata, Dalfón, Aspata, Porata, Adalía, Aridata, Parmasta, Arisai, Aridai y Vaizata (Est. 9:7-10)
44. Jemima, Cesia, Keren-Hapuc (Job 42:14)
45. Las hijas de Job (Job 42:15)
46. David (Sal. 37:25)
47. Es sabio (Pr. 11:30)
48. Antes que vengan los malos días (Ecl. 12:1)
49. Jeremías (Jer. 3:4)
50. Fin de tres años (Dn. 1:5)
51. Belsazar (Dn. 1:7)
52. A Daniel, Belsazar; a Ananías, Sadrac; a Misael, Mesac; y a Azarías, Abed-nego (Dn. 1:7)
53. A Daniel (Dn. 9:23; 10:11)
54. El joven rico (Mt. 19:20)
55. La cabeza de Juan el Bautista (Mr. 6:21, 24)
56. Un joven (Mr. 14:51)
57. Al hijo de la viuda de Nain (Lc. 7:14)
58. El hijo pródigo (Lc. 15:13)
59. En la muerte de

Ananías y Zafira (Hch. 5:6, 10)
60. Eutico (Hch. 20:9)
61. A Timoteo (1 Ti. 4:12)
62. A Timoteo (1 Ti. 4:13)
63. Su abuela y su madre (2 Ti. 1:5)
64. Un joven creyente, colaborador de Pablo (Tit. 1:4)
65. Prudentes (Tit. 2:6)
66. A Tito (Tit. 2:15)

11. Siervos de Dios

1. Por causa de Jacob (Gn. 30:27)
2. El hebreo (Gn. 14:13)
3. Jacob (Gn. 32:24)
4. Reuel (Ex. 2:18)
5. Acán (Jos. 7:21-25)
6. José (Jos. 24:32)
7. Giezi (2 R. 4:12)
8. Los huesos de Eliseo (2 R. 13:21)
9. Nehemias (Neh. 1:4)
10. Salmo 41:9
11. Isaías (Is. 7:14)
12. Noe, Daniel y Job (Ez. 14:14)
13. Ezequiel (Ez. 37:1, 2)
14. Dijo: No soy profeta ni hijo de profeta. Pero si era profeta (Am. 7:14)
15. Pedro, Andrés, Jacobo, Juan, Felipe, Bartolomé, Tomas, Mateo, Jacobo (hijo de Alfeo), Tadeo, Simón, Judas Iscariote (Mt. 10:2-4)
16. A Jacobo y a Juan (Mr. 3:17)
17. Con el espíritu de Elías (Lc. 1:17)
18. Nazareo (Lc. 1:15)
19. Lleno del Espíritu Santo (Lc. 1:15)
20. Sacerdote (Lc. 1:5)
21. Gabriel (Lc. 1:19)
22. Ana y Simeón (Lc. 2:36-38)
23. Leví (Lc. 5:29)
24. Moisés y Elías (Lc. 9:30)
25. El Dídimo (Jn. 11:16)
26. Malco (Jn. 18:10)
27. Del profeta Isaías (Hch. 8:28)
28. Cornelio (Hch. 10:25, 26)
29. Cuando fue librado de la cárcel por un ángel (Hch. 12:9)
30. Pablo (Hch. 14:19)

31. Mercurio y Júpiter (Hch. 14:12)
32. Pablo y Silas (Hch. 16:25)
33. El altar al Dios no conocido (Hch. 17:23)
34. Hacer tiendas (Hch. 18:3)
35. En su defensa ante Félix, el gobernador (Hch. 24:5)
36. A Himeneo y Alejandro (1 Ti. 1:20)
37. De Demas (2 Ti. 4:10)
38. Onésimo (Flm. 10)
39. Juan (Ap. 1:9)

12. Gobernantes, ricos y famosos

1. Con Eglón, rey de Moab (Jue. 3:21)
2. Jerobaal (Jue. 8:35)
3. David (1 S. 21:13)
4. Nabal (1 S. 25:25)
5. Saúl (1 S. 28:3)
6. Barzilai (2 S. 19:32)
7. A Seba, hijo de Bicri (2 S. 20:21)
8. Naamán (2 R. 5:1, 14)
9. Jehú (2 R. 10:28)
10. Que todos sus siervos se arrodillaran y se inclinaran ante Aman (Est. 3:2)
11. Mardoqueo (Est. 2:17)
12. A Sedequías (Jer. 39:7)
13. A Nabuzaradán (Jer. 39:11-12)
14. Herodes (Mt. 2:16)
15. Elimas (Hch. 13:6-8)

13. Personajes por su forma de morir

1. 1969 años (Gn. 5:27)
2. La mujer de Lot (Gn. 19:26)
3. En Hebrón, en la cueva de Macpela (Gn. 23:19)
4. En el camino a Efrata que es Belén (Gn. 35:19)
5. Sus hijos Esaú y Jacob (Gn. 35:29)
6. Er y Onán, hijos de Judá (Gn. 38:7-10)
7. Raquel (Gn. 35:16-18).
8. En la cueva de Macpela (Gn. 49:31)
9. En la muerte de los primogénitos (Ex. 12:30)
10. Quemados (Lv. 10:2)
11. Los de Core y su compañía (Nm. 16:32)
12. En Cades (Nm. 20:1)
13. En el monte Hor (Nm. 20:27, 28)
14. Zelofehad (Nm. 27:1)
15. En el monte Nebo (Dt. 34:1)
16. Moisés (Dt. 34:6)
17. Sísara (Jue. 4:21)
18. Sobre una misma piedra (Jue. 9:5)
19. Abimelec (Jue. 9:53)
20. Abimelec (Jue 9:56)
21. Sansón (Jue. 16:30)
22. Sansón (Jue. 16:30)
23. Sansón (Jue. 16:30)
24. Sangre y agua (Jn. 19:34)
25. A los hombres que mataron a Is-boset (2 S. 4:12)
26. Eli (1 S. 4:18)
27. Goliat (1 S. 17:49, 51)
28. Doeg el edomita, siervo de Saúl (1 S. 22:18)
29. Por mano de los filisteos (1 S. 31:2)

30. Un amalecita (2 S. 1:8, 15)
31. Ahitofel, consejero de David (2 S. 17:23)
32. Absalón (2 S. 18:14)
33. Diez jóvenes escuderos de Joab (2 S. 18:15)
34. Saúl (1 S. 31:4)
35. Benaía (1 R. 2:34)
36. El rey Asa (1 R. 15:23)
37. Nabot (1 R. 21:3, 13)
38. Apedreado (1 R. 21:13)
39. Micaías (1 R. 22:28)
40. Elías (2 R. 2:11)
41. 42 muchachos (2 R. 2:23, 24)
42. Jezabel (2 R. 9:35-36)
43. Pisoteada por los caballos (2 R. 11:16)
44. Uza (1 Cr. 13:9)
45. En buena vejez, lleno de días, riqueza y gloria (1 Cr. 29:28)
46. Asa (2 Cr. 16:12)
47. Del rey Asa (2 Cr. 16:14)
48. Acab (2 Cr. 18:29, 34)
49. El rey Joram (2 Cr. 21:18, 19)
50. Asfixiado por un paño húmedo sobre su rostro (2 R. 8:15)
51. El rey Uzías (2 Cr. 26:21)
52. Amán (Est. 7:10)
53. Viejo y lleno de días (Job 42:17)
54. Dos ladrones (Mt. 27:44)
55. Juan el Bautista (Mt. 14:10)
56. Cuando Jesús murió (Mt. 27:52)
57. Lázaro (Lc. 16:22)
58. Padre, en tus manos encomiendo mi espíritu (Lc. 23:46)
59. Lázaro (Jn. 11:35)
60. No le quebraron las piernas (Jn. 19:33)
61. Judas (Hch. 1:18)
62. Herodes (Hch. 12:1)
63. Herodes (Hch. 12:23)

14. Quiénes fueron

1. Abram (Gn. 12:5)
2. A Melquisedec (Gn. 14:20)
3. Los ángeles (Gn. 19:15)
4. Por la casa de Abimelec (Gn. 20:17)
5. Isaac (Gn. 25:21)
6. Betuel (Gn. 28:2)
7. Los ángeles (Gn. 28:12)
8. Er, Onan y Sela (Gn. 38:3-5)
9. Al copero y panadero (Gn. 40:8)
10. A Moisés (Ex. 4:6)
11. Moises (Ex. 4:10)
12. Aarón (Ex. 4:16)
13. Aarón y Hur (Ex. 17:12)
14. Nun (Ex. 33:11)
15. Eldad y Medad (Nm. 11:26)
16. Moisés (Nm. 13:16)
17. Datán y Abirám (Nm. 16:13)
18. Og rey de Basán (Dt. 3:11)
19. A todo rey de Israel (Dt. 17:18, 19)
20. Josué (Dt. 31:7)
21. Hijo de Cenaz hermano de Caleb (Jos. 15:17)
22. Barac (Jue. 4:8)
23. Sísara (Jue. 4:19)
24. Criado de Gedeón (Jue. 7:11)
25. Hijo menor de Jerobaal, quien es Gedeón (Jue. 9:5)
26. Jotám (Jue. 9:5)
27. Sansón (Jue. 13:5)
28. Manoa (Jue. 13:7-8)
29. Mahlón y Quelión (Rt. 1:3)
30. Booz (Rt. 4:13)
31. Mefiboset (2 S. 4:4)
32. De Jonatán (2 S. 4:4)

33. David (2 S. 12:16-18).
34. Un anciano que dio provisiones a David cuando huía de Absalón (2 S. 19:32)
35. A Mefiboset (2 S. 21:7)
36. Isbi-benob (2 S. 21:16)
37. Eleazar (2 S. 23:9-10)
38. Abisai (2 S. 23:18)
39. Adonías (1 R. 1:50)
40. Eliseo (2 R. 4:36)
41. Un general de ejército de Siria (2 R. 5:1)
42. Eliseo (2 R: 6:6)
43. Jehú (2 R. 10:28)
44. Ezequías (2 R. 18:4)
45. De Amoz (2 R. 19:20)
46. Manasés (2 R. 21:1)
47. El sacerdote Hilcías (2 R. 22:8)
48. Jabes (1 Cr. 4:9, 10)
49. Rubén (1 Cr. 5:1)
50. Zelofehad (1 Cr. 7:15)
51. Esdras (Esd. 7:12)
52. Abihail (Est. 2:15)
53. A satanás (Job 2:3)
54. La mujer ramera (Pr. 6:26)
55. Isaías (Is. 14:12)
56. Jonadab (Jer. 35:6)
57. Ebed-melec eunuco (Jer. 38:10)
58. Daniel (Dn. 12:4)
59. Joel (Jl. 2:28)
60. Nahúm (Nah. 2:4)
61. Isaí (Mt. 1:6)
62. A Herodes (Mr. 6:21-25)
63. De Jesús (Mr. 6:49)
64. De los hijos de Aarón (Lc. 1:5)
65. Zacarías (Lc. 1:20)
66. Un ángel (Lc. 1:13)
67. Simeón (Lc. 2:26)
68. Simeón (Lc. 2:27)
69. De Herodes (Lc. 8:3)
70. A Simón Pedro (Jn. 1:42)
71. Nicodemo (Jn. 3:1-2)
72. Anás (Jn. 18:13)
73. José (Hch. 1:23)
74. Matías (Hch. 1:23, 26)

75. Pedro (Hch. 3:6)
76. Hananías (Neh. 3:8)
77. A Esteban (Hch. 6:15)
78. Esteban (Hch. 7:22)
79. Saulo de Tarso (Hch. 8:3)
80. Simón el mago (Hch. 8:18)
81. A Felipe (Hch. 8:35)
82. El eunuco etíope (Hch. 8:36, 37)
83. Ananías (Hch. 9:17)
84. De David (Hch. 13:22)
85. A Elimas, el mago (Hch. 13:10, 11)
86. Dionisio y Dámaris (Hch. 17:34)
87. Pablo, Aquila y Priscila (Hch. 18:3)
88. Apolos (Hch. 18:24)
89. A Micaías (1 R. 22:26-27)
90. Uno llamado Tiranno (Hch. 19:9-10)
91. Festo (Hch. 26:24)
92. De Alejandro el calderero (2 Ti. 4:14)
93. Un esclavo fugitivo conver-tido al evangelio, propiedad de Filemón (Flm. 10)
94. A Noé (2 P. 2:5)
95. Lot (2 P. 2:8)
96. Esceva (Hch. 19:14)

15. Quién dijo estas frases

1. Dios (Gn. 1:3)
2. Dios (Gn. 2:18)
3. Abram (Gn. 13:9)
4. Abram (Gn. 18:25)
5. Esaú (Gn. 25:32)
6. Rebeca (Gn. 27:13)
7. Esaú (Gn. 27:34)
8. Jacob (Gn. 32:26)
9. Ángel (Gn. 32:26)
10. Jacob (Gn. 32:30)
11. Booz (Rt. 3:11)
12. Ahimaas (2 S. 18:29)
13. David (1 Cr. 29:14)
14. Ezequías (2 Cr. 31:20)
15. Salomón (Pr. 9:17)
16. Salomón (Ecl. 2:10)
17. Salomón (Ecl. 3:11)
18. Salomón (Ecl. 5:4)
19. Salomón (Ecl. 12:12)
20. Isaías (Is. 7:14)
21. Jeremías (Jer. 4:22)
22. Jeremías (Jer. 20:11)
23. Jehová (Jer. 23:28)
24. Dios (Jer. 35:13)
25. El ángel Gabriel (Dn. 9:23)
26. Joel (Jl. 3:10)
27. Amós (Am. 4:12)
28. Amós (Am. 5:4)
29. Jehová de los ejércitos (Hag. 2:8)
30. Jesús (Mt. 11:11)
31. Jesús (Mc. 5:36)
32. Jesús (Mr. 14:8)
33. Jesús (Lc. 9:13)
34. Los apóstoles (Lc. 17:5)
35. Jesús (Jn. 20:27)
36. Pedro (Hch. 3:6)
37. Pedro (Hch. 3:19)
38. Esteban (Hch. 7:56)
39. El Señor (Hch. 9:15)
40. Pablo (Hch. 14:22)
41. Un espíritu malo (Hch. 19:15)
42. Pablo (Hch. 20:33)

43. Pablo (Hch. 20:34)
44. Pablo (1 Co. 2:16)
45. Pablo (1 Co. 5:5)
46. Pablo (2 Co. 3:6)
47. Pablo (2 Co. 3:17)
48. Pablo (2 Co. 5:7)
49. Pablo (2 Co. 5:14)
50. Pablo (2 Co. 6:11)
51. Pablo (2 Co. 6:14)

16. Quién hizo estas preguntas

1. Jehová (Gn. 3:9)
2. Dios (Gn. 3:13)
3. Dios (Gn. 4:9)
4. Caín (Gn. 4:9)
5. El ángel de Jehová (Gn. 16:8)
6. Abram (Gn. 17:17)
7. Abram (Gn. 17:17)
8. Dios (Gn. 18:14)
9. Abraham (Gn. 18:23)
10. Labán y su madre (Gn. 24:58)
11. Jacob (Gn. 29:25)
12. Jacob (Gn. 30:2)
13. José (Gn. 39:9)
14. Faraón (Gn. 41:38)
15. José (Gn. 43:7)
16. Jehová (Ex. 4:2)
17. Jehová (Ex. 4:11)
18. Dios (Nm. 11:23)
19. Dalila (Jue. 16:15)
20. David (2 S. 18:32)
21. Eliseo (2 R. 2:14)
22. Elifaz (Job 4:17)
23. Job (Job 9:2)
24. Salomón (Pr. 6:28)
25. Salomón (Ecl. 7:13)
26. Dios (Jer. 8:22)
27. Dios (Jer. 13:23)
28. Jehová (Jer. 35:13)
29. Dios (Mal. 3:8)
30. El joven rico (Mt. 19:16)
31. Jesús (Mt. 22:20)
32. Pilato (Mt. 27:22)
33. Jesús (Mr. 14:37)
34. Parientes y vecinos de Zacarías y Elisabet (Lc. 1:66)
35. Juan el Bautista (Lc. 7:20)
36. Pedro y Juan (Lc. 22:9)
37. Natanael (Jn. 1:46)
38. Nicodemo (Jn. 3:4)
39. La samaritana (Jn. 4:29)

40. Los judíos (Jn. 7:15)
41. Los judíos (Jn. 10:24)
42. Los que estaban de visita en Jerusalén el día de pentecostés (Hch. 2:12)
43. Felipe (Hch. 8:30)
44. El eunuco etíope (Hch. 8:36)
45. Jesús (Hch. 9:4)
46. Saulo de Tarso (Hch. 9:6)
47. El carcelero de Filipos (Hch. 16:30)
48. Algunos filósofos de los epicúreos y de los estoicos (Hch. 17:18)
49. Pablo (1 Co. 2:16)
50. Pablo (1 Co. 3:16)
51. Santiago (Stg. 3:11)
52. Santiago (Stg. 5:13)

17. Primeros en la Biblia

1. El Génesis
2. Oro, bedelio y ónice (Gn. 2:11, 12)
3. Adán (Gn. 2:15)
4. La de Adán (Gn. 2:21)
5. Eva (Gn. 2:22)
6. Eva (Gn. 3:7)
7. Abram (Gn. 13:2)
8. Dios (Gn. 3:21)
9. Caín (Gn. 4:8)
10. Enoc (Gn. 4:17)
11. Lamec (Gn. 4:19)
12. Jubal (Gn. 4:21)
13. Arpa y flauta (Gn. 4:21)
14. Tubal-caín (Gn. 4:22)
15. El cuervo (Gn. 8:7)
16. El que construyó Noé (Gn. 8:20)
17. Noé (Gn. 9:21)
18. Nimrod (Gn. 10:8)
19. Cuando Abram estuvo en Egipto (Gn. 12:16)
20. Ismael (Gn. 16:15)
21. Rubén (Gn. 29:32)
22. Er (Gn. 38:7)
23. La del Faraón (Gn. 40:20)
24. Jacob (Gn. 50:2)
25. Melquisedec (Gn. 14:18)
26. María (Ex. 15:20)
27. María (Ex. 15:21)
28. Oseas (Nm. 13:16)
29. Manasés (Jos. 17:1)
30. Saúl (1 S. 11:5)
31. Eliab (1 S. 17:13)
32. Mical (1 S. 18:27)
33. Amnón (2 S. 3:2)
34. Carta de David a Joab (2 S. 11:14)
35. Jemima (Job 42:14)
36. Jezreel (Os. 1:4)
37. Jonás (Jon. 3:2-4)
38. Elisabet (Lc. 1:42, 43)
39. Leví (Lc. 5:27)

40. El agua hecha vino, en la boda de Caná de Galilea (Jn. 2:11)
41. Andrés y Simón (Jn. 1:40, 41)
42. María Magdalena (Jn. 20:18)
43. Matías (Hch. 1:26)
44. Del cojo, en la puerta llamada la Hermosa (Hch. 3:2)
45. Esteban, Felipe, Prócoro, Nicanor, Timón, Parmenas, Nicolás (Hch. 6:5)
46. Esteban (Hch. 7:59, 60)
47. Samaria (Hch. 8:5)
48. Cornelio (Hch. 10:25)
49. En Antioquía (Hch. 11:26)
50. Lidia (Hch. 16:14)

18. Números en la Biblia

1. 66 libros
2. A. T.- 39 libros, N. T.- 27 libros
3. El salmo 119
4. El salmo 117
5. Un capítulo
6. El séptimo día (Gn. 2:2)
7. 7 veces (Gn. 4:15)
8. 365 años (Gn. 5:23)
9. 969 años (Gn. 5:27)
10. 120 años (Gn. 6:3)
11. 40 días y 40 noches (Gn. 7:12)
12. 150 días (Gn. 8:3)
13. 75 años (Gn. 12:4)
14. 400 años (Gn. 15:13)
15. 14 años (Gn. 31:41)
16. 20 años (Gn. 31:41)
17. Aprox. 20 años (Gn. 25:21)
18. 12 hijos (Gn. 35:22)
19. Por 20 piezas de plata (Gn. 37:28)
20. 30 años (Gn. 41:46)
21. 17 años (Gn. 47:28)
22. 70 días (Gn. 50:3)
23. 430 años (Ex. 12:40)
24. 12 fuentes (Ex. 15:27)
25. 40 años (Ex. 16:35)
26. 40 días y 40 noches (Ex. 24:18)
27. 70 ancianos (Nm. 11:16-17)
28. 10 veces (Nm. 14:22)
29. 40 años (Nm. 14:34)
30. 2 veces (Nm. 20:11)
31. 2 espías (Jos. 2:1)
32. 13 vueltas (Jos. 6:14-15)
33. 200 ciclos (Jos. 7:21)
34. 85 años (Jos. 14:10)
35. Con 300 hombres (Jue. 7:7)
36. A 70 hermanos (Jue. 9:56)
37. Con 300 zorras (Jue. 15:4-5)

38. 1000 hombres (Jue. 15:15)
39. 98 años (1 S. 4:15)
40. 7 meses (1 S. 6:1)
41. A 200 hombres (1 S. 18:27)
42. 5 años (2 S. 4:4)
43. 30 años (2 S. 5:4)
44. 3 dardos (2 S. 18:14)
45. 10 jóvenes (2 S. 18:15)
46. 3 años (2 S. 21:1)
47. 37 varones (2 S. 23:39)
48. 1005 cantares (1 R. 4:32)
49. 3000 proverbios (1 R. 4:32)
50. 700 reinas y 300 concubinas (1 R. 11:3)
51. 450 profetas (1 R. 18:19)
52. 2 osos (2 R. 2:24)
53. 7 veces (2 R. 4:35)
54. 7 veces (2 R. 5:10)
55. 40 camellos (2 R. 8:9)
56. De 7 años (2 R. 11:21)
57. 15 años (2 R. 20:6)
58. 10 grados (2 R. 20:11)
59. 55 años (2 R. 21:1)
60. 4 hijos (1 Cr. 6:3)
61. 28 hijos y 60 hijas (2 Cr. 11:21)
62. 70 años (2 Cr. 36:21)
63. 127 provincias (Est. 1:1)
64. 7 hijos, 3 hijas antes; 7 hijos, 3 hijas después (Job 1:2; 42:13)
65. 7 días y 7 noches (Job 2:13)
66. 1 o 2 (Job 33:14)
67. 140 años (Job 42:16)
68. 7 veces (Sal. 119:164)
69. 7 cosas (Pr. 6:16)
70. 7 veces (Pr. 24:16)
71. 3 varones (Ez. 14:14)
72. Echaron tres, pero el rey vio cuatro (Dn. 3:24-25)
73. 21 días (Dn. 10:13)
74. 40 días (Jon. 3:4)
75. 14×3 o 42 (Mt. 1:17)
76. 40 días y 40 noches (Mt. 4:2)
77. 4 hermanos (Mt. 13:55-56)

78. 70 veces 7 o 490 (Mt. 18:21-22)
79. 3 veces (Mt. 26:69-74)
80. 30 monedas (Mt. 27:3)
81. 3 horas (Mt. 27:45)
82. 4 hombres (Mr. 2:3)
83. 12 años (Mr. 5:25)
84. 12 años (Mr. 5:42)
85. Por más de 300 denarios (Mr. 14:5)
86. 5 meses (Lc. 1:24)
87. 3 meses (Lc. 1:56)
88. 12 años (Lc. 2:42)
89. 70 discípulos (Lc. 10:1)
90. 1 moneda (Lc. 15:8)
91. 5 hermanos (Lc. 16:28)
92. 1 leproso (Lc. 17:15)
93. 10 minas (Lc. 19:13)
94. 2 blancas (Lc. 21:2)
95. 46 años (Jn. 2:20)
96. 38 años (Jn. 5:5)
97. 5 panes y 2 peces (Jn. 6:9)
98. 12 cestas (Jn. 6:13)
99. 50 años (Jn. 8:57)
100. 153 peces (Jn. 21:11)
101. Como 120 (Hch. 1:15)
102. Como 15 lenguas (Hch. 2:9-11)
103. Como 3 mil (Hch. 2:41)
104. 3 días (Hch. 9:9)
105. 8 años (Hch. 9:33)
106. 3 veces (Hch. 10:16)
107. 7 hijos (Hch. 19:14)
108. 50 mil piezas de plata (Hch. 19:19)
109. 4 hijas (Hch. 21:9)
110. Más de 40 hombres (Hch. 23:13)
111. 276 personas (Hch. 27:37)
112. 8 personas (1 P. 3:20)
113. 24 ancianos (Ap. 4:4)
114. Numero 666 (Ap. 13:18)

19. Preguntas sobre la Navidad

1. Nacería de una virgen (Is. 7:14)
2. Isaías, de una virgen (Is. 7:14); Miqueas, en Belén (Mi. 5:2)
3. La profecía de Jeremías 31:15
4. Es un especie de cajón donde comen los animales.
5. Astrónomos
6. De Judá (Mt. 1:2)
7. Dejarla secretamente (Mt. 1:19)
8. Un ángel le apareció en sueños (Mt. 1:20)
9. Salvador (Mt. 1:21)
10. Dios con nosotros (Mt. 1:23)
11. En días del rey Herodes (Mt. 2:1)
12. Unos magos (Mt. 2:1-2)
13. Por la pregunta de los magos: ¿Dónde está el rey de los judíos, que ha nacido? (Mt. 2:1-3)
14. Una estrella en el oriente (Mt. 2:2, 9)
15. Oro, incienso y mirra (Mt. 2:11)
16. En una casa (Mt. 2:11)
17. Un ángel le avisó en sueños que Herodes buscaría al niño para matarlo (Mt. 2:13)
18. Mandó matar a todos los niños menores de dos años (Mt. 2:16)
19. Cuando el ángel le aviso en visión que había muerto Herodes (Mt. 2:19, 20)
20. A la región de Galilea (Mt. 2:22)
21. En Nazaret (Mt. 2:23)
22. Gabriel (Lc. 1:26)
23. Seis meses (Lc. 1:26-27)
24. Que sería grande, y llamado Hijo del

Altísimo; que reinaría sobre la casa de Jacob y que su reino no tendría fin (Lc. 1:32, 33)

25. ¿Cómo será esto? pues no conozco varón (Lc. 1:34)

26. Al decir: He aquí la sierva del Señor, hágase conmigo conforme a tu palabra (Lc. 1:38)

27. Bienaventurada (Lc. 1:48)

28. Profeta del Altísimo (Lc. 1:76)

29. En lugares desiertos (Lc. 1:80)

30. Por causa de un edicto de Augusto Cesar (Lc. 2:1-4)

31. No había lugar para ellos en el mesón (Lc. 2:7)

32. Sólo uno (Lc. 2:9)

33. Para los pastores (Lc. 2:12)

34. «Gloria a Dios en las alturas y en la tierra paz y buena voluntad» (Lc. 2:14).

35. Llevaron al bebé Jesús a Jerusalén para presentarle al Señor (Lc. 2:22)

36. Será llamado santo al Señor (Lc. 2:23)

20. Preguntas sobre el amor

1. Dios a Abraham (Gn. 22:2)
2. Rebeca (Gn. 24:67)
3. Jacob (Gn. 29:18, 20, 30)
4. Porque la amaba (Gn. 29:20)
5. Hira el adulamita (Gn. 38:12)
6. Dalila a Sansón (Jue. 16:15)
7. Rut (Rt. 1:16)
8. David (1 S. 20:17)
9. David a Jonatán (2 S. 1:17)
10. Jonadab (2 S. 13:3-5)
11. David, perdonó la vida del hijo de Jonatán (2 S. 21:7)
12. Ministro principal y amigo del rey (1 R. 4:5)
13. Al rey Urías (2 Cr. 26:10)
14. Job (Job 1:20-22)
15. Elifaz, Bildad, Zofar (Job 2:11)
16. «Consoladores molestos sois todos vosotros» (Job 16:2)
17. Oró por sus amigos (Job 42:10)
18. A su amigo (Pr. 14:20)
19. En todo tiempo y es como un hermano en tiempo de angustia (Pr. 17:17)
20. Muchos amigos (Pr. 19:4)
21. «No dejes a tu amigo, ni al amigo de tu padre» (Pr. 27:10)
22. Fuerte como la muerte (Cnt. 8:6)
23. A Israel (Is. 41:8)
24. Ananías, Misael y Azarías (Dn. 1:7, 17)
25. A Daniel (Dn. 9:23; 10:11)
26. No creas, no confíes,

cuídate, no abras la boca (Mi. 7:5)

27. «Amigo, ¿cómo entraste aquí, sin estar vestido de boda?» (Mt. 22:12)

28. Amaras a tu prójimo como a ti mismo (Mt. 22:39)

29. «Amigo, ¿a qué vienes?» (Mt. 26:50)

30. Cuando murió su amigo Lázaro (Jn. 11:35)

31. Los judíos (Jn. 11:36)

32. Tres veces (Jn. 21:15-17)

33. Sin fingimiento, de hecho y en verdad (Ro. 12:9)

34. El amor (1 Co. 13:1)

35. «Amarás a tu prójimo como a ti mismo» (Ga. 5:14)

36. Con el amor de Cristo por su iglesia (Ef. 5:25)

37. Amarás a tu prójimo como a ti mismo (Stg. 2:8)

38. Sara (1 P. 3:6)

39. No se puede estar en la luz y en las tinieblas (1 Jn. 2:9-11)

40. Porque Dios es amor (1 Jn. 4:8)

41. Porque Él nos amó primero (1 Jn. 4:19)

42. Su primer amor (Ap. 2:4)

21. Preguntas fáciles

1. Eva (Gn. 3:4, 6)
2. Noé (Gn. 6:19)
3. Noé (Gn. 7:1; 8:16)
4. La paloma del arca de Noé (Gn. 8:11)
5. La construcción de la torre de Babel (Gn. 11:9)
6. Esaú a Jacob (Gn. 25:34)
7. José (Gn. 37:3)
8. La hija de faraón a Moisés (Ex. 2:5-10)
9. A Balam (Nm. 22:27, 28)
10. El pueblo de Israel al muro de Jericó (Jos. 6:14, 15)
11. Sansón (Jue. 16:19)
12. Las piedras que David tomó para matar al gigante (1 S. 17:40, 49)
13. David (1 S. 17:35)
14. David a Goliat (1 S. 17:50)
15. A Samuel (1 S. 3:10)
16. Los cuervos a Elías (1 R. 17:6)
17. Elías (2 R. 2:11)
18. Para limpiarlo, dejarlo blanco como la nieve y lleno de amor (Pr. 23:26; Is. 1:18; Sal. 51:10)
19. A Daniel (Dn. 6:23)
20. Pedro (Mt. 26:74)
21. Jesús (Mt. 1:21; 2:2)
22. El mar (Mr. 4:39)
23. La oveja de la parábola de la oveja perdida (Lc. 15:5-6)
24. Zaqueo (Lc. 19:3, 4)
25. Dorcas (Hch. 9:39)
26. Pablo y Silas (Hch. 16:25, 33)
27. Timoteo (2 Ti. 1:5; 3:15)
28. ¿Cuántos se salvaron? Sólo ocho personas se salvaron (1 P. 3:20)

22. Curiosidades en la Biblia

1. Eva
2. Con su dedo (Éx. 31:18)
3. Aquel que tenía el voto nazareo (Nm. 6:6, 7)
4. Moisés (Nm. 12:3)
5. Zomzomeos (Dt. 2:20)
6. Og, rey de Basán (Dt. 3:11)
7. Los israelitas en el desierto (Dt. 8:4)
8. La ciudad de Jericó (Jos. 6:20)
9. Arba (Jos. 14:15)
10. Ciudades de refugio (Nm. 35:11)
11. El rey Eglón (Jue. 3:17)
12. Gedeón (Jue. 7:20)
13. Gedeón (Jue. 8:30)
14. En una llama de fuego del altar que hizo Manoa (Jue. 13:20)
15. A Obed (Rt. 4:17)
16. David (1 S. 18:10; 19:9)
17. Saúl (1 S. 31:8-13)
18. Urías heteo (2 S. 11:15)
19. Aimaas (2 S. 18:23)
20. Isbi-benob (2 S. 21:16)
21. Un gigante de Gat (2 S. 21:20)
22. El rey David (2 S. 23:1)
23. Jezabel (2 R. 9:30-33)
24. Los huesos de Eliseo (2 R. 13:21)
25. El higo (2 R. 20:7)
26. El rey Josías (2 R. 23:5)
27. El rey Uzías (2 Cr. 26:15)
28. La palabra *Dios*
29. Ester 8:9
30. Salían en caballos veloces (Est. 8:14)
31. Salmo 90:10
32. Los jóvenes hebreos (Dn. 3:27)

33. El rey Belsasar (Dn. 5:5)
34. De Efraín (Os. 9:11)
35. La sal (Mt. 5:13)
36. Pedro (Mt. 17:27)
37. «Jesús lloró» (Jn. 11:35)
38. Hebreo, griego y latín (Jn. 19:20)
39. Mil años (2 P. 3:8)

23. Preguntas generales

1. Pisón, Gihón, Hidekel y Eufrates (Gn. 2:10-14)
2. Alabanza (Gn. 29:35)
3. En Bethel (Gn. 31:13)
4. En Peniel (Gn. 32:24)
5. Edom o Esaú (Gn. 36:43)
6. En Egipto (Gn. 41:51, 52)
7. A causa de la congoja de espíritu y del duro trabajo (Ex. 6:9)
8. En Egipto (Nm. 26:59)
9. En Siquem (Jos. 24:32)
10. De Belén de Judá (Rt. 1:2)
11. Joab, Abisai y Asael (2 S. 2:18)
12. Abana y Farfar (2 R. 5:12)
13. Nehustán (2 R. 18:4)
14. El ojo de ver y el oído de oír (Ecl. 1:8)
15. Por la pereza y la flojera (Ecl. 10:18)
16. El rey Asuero (Est. 2:10, 17)
17. Árbol de vida (Pr. 11:30)
18. Corona de honra (Pr. 16:31)
19. La vida y la muerte (Pr. 18:21)
20. Cuando tuvieres gran apetito (Pr. 23:2)
21. Se llenará de pobreza (Pr. 28:19)
22. El Seol, la matriz estéril, la tierra y el fuego (Pr. 30:15, 16)
23. A Nabucodonosor (Jer. 25:9)
24. En una cisterna (Jer. 38:6)
25. Por causa de la misericordia de Dios (Lm. 3:22)
26. Aun vendían a los

pobres por un par de zapatos (Am. 2:6)
27. Nazareno (Mt. 2:23)
28. Uno insensato, otro prudente (Mt. 7:24-27)
29. Que aun estos están todos contados (Mt. 10:30)
30. Cuando sanó al hombre de la mano seca (Mt. 12:12)
31. «Al que besare, ese es» (Mt. 26:48)
32. En Capernaum (Mr. 2:1; 9:33)
33. A Jacobo y Juan (Mr. 3:17)
34. De que sus nombres estuvieran escritos en el libro de la vida (Lc. 10:20)
35. Simón, Pedro y Saulo (Lc. 22:31; Hch. 9:4)
36. Maestro (Jn. 1:38)
37. El agua, el viento, el fuego (Jn. 7:37-39; Hch. 2:2, 3)
38. El pan de vida, el agua de vida, la vid verdadera, el camino, la verdad, la vida, la puerta, etc. (Jn. 15:1; 14:6; 6:48; 7:37)
39. En Jerusalén, Judea, Samaria y hasta lo último de la tierra (Hch. 1:8)
40. De Listra (Hch. 14:8)
41. La cárcel de Filipos (Hch. 16:25)
42. En Atenas (Hch. 17:23)
43. En Cencrea (Hch. 18:18)
44. Fariseo, maestro honorable y respetado (Hch. 5:34)
45. «Mía es, yo pagare» (Ro. 12:19)
46. Ga. 3:11; He. 10:38; Hab. 2:4; Ro. 1:17
47. Amor, gozo, paz, paciencia, benignidad, bondad, fe, mansedumbre y templanza (Ga. 5:22, 23)
48. Las marcas de Cristo (Ga. 6:17)

49. Inútil, pero ahora nos es útil (Flm. 11)
50. A la onda del mar (Stg. 1:6)
51. En la isla de Patmos (Ap. 1:9)
52. Éfeso, Esmirna, Pérgamo, Tiatira, Sardis, Filadelfia y Laodicea (Ap. 2:1, 8, 12, 18; 3:1, 7, 14)
53. No sabe que es un desventurado, miserable, pobre, ciego y desnudo (Ap. 3:17)

Los cinco temas de la oración de Cristo. ¿Cuáles son los ingredientes de una oración eficaz? ¿cómo orar? El libro trata de los temas que toda oración poderosa necesita tener.

Evangelice con Dramas I Primero de una serie de tres, este libro contiene tres obras de teatro cristianas con fines evangelísticos. Pueden presentarse en ocasiones especiales.

El curso de **Las *16 doctrinas fundamentales explicadas*** está diseñado para facilitar la educación de los puntos más importantes de nuestra fe cristiana. Ideal en cursos de discipulado, nuevos convertidos, Escuela Dominical o seminarios de doctrina bíblica pentecostal trinitaria. Incluye un libro de 256 páginas, un cuaderno de trabajo y una presentación PowerPoint de más de 650 diapositivas.

PALABRA PURA
palabra-pura.com

La editorial Palabra Pura está dedicada a crear materiales de educación cristiana pentecostal y carismática para el estudio personal, la iglesia e institutos bíblicos. Usted puede consultar los cursos y recursos que ofrecemos en nuestra página web:

www.Palabra-Pura.com

Gracias por ser parte de nuestra comunidad de lectores y darnos el privilegio de servirle.

¡Dios le bendiga!

www.ingramcontent.com/pod-product-compliance
Lightning Source LLC
Chambersburg PA
CBHW070030040426
42333CB00040B/1423